JIYOU
QUTAN

集邮
趣谈 （上）

张亮◎编著

中国出版集团

现代出版社

图书在版编目(CIP)数据

集邮趣谈(上)/ 张亮编著. —北京：现代
出版社，2014.1
　ISBN 978-7-5143-2168-5

　Ⅰ.①集… 　Ⅱ.①张… 　Ⅲ.①集邮 – 青年读物
②集邮 – 少年读物　Ⅳ.①G894 – 49

　中国版本图书馆 CIP 数据核字(2014)第 008607 号

作　　者	张　亮
责任编辑	王敬一
出版发行	现代出版社
通讯地址	北京市安定门外安华里 504 号
邮政编码	100011
电　　话	010 – 64267325 64245264(传真)
网　　址	www.1980xd.com
电子邮箱	xiandai@ cnpitc.com.cn
印　　刷	唐山富达印务有限公司
开　　本	710mm×1000mm　1/16
印　　张	16
版　　次	2014 年 1 月第 1 版　2023 年 5 月第 3 次印刷
书　　号	ISBN 978-7-5143-2168-5
定　　价	76.00 元(上下册)

目录

第一章　异质邮票，独树一帜

柔顺美丽的丝绸邮票、金光闪闪的金箔邮票、能体验视听感觉的多媒体邮票……传统的手工技艺和现代的科技力量相结合，让原本以纸质为主流的邮票界掀起了一场概念、技术和美学上的颠覆性革新。现在，让我们看看这些形形色色的邮票家族的标新立异吧。

1.丝绸邮票

所谓的丝绸邮票，就是用丝绸制作而成的邮票。一般在国家邮政局这样的部门会把它称作绢质邮票，不过在民间，广大邮票爱好者们仍然称其为丝绸邮票。

在1958年波兰人为了纪念其400周年的邮政创办历史，别出心裁地发行了第一枚由丝绸印制而成的小型张邮票，其图案是一幅著名的波兰画作——一辆行驶中的古老马车。尽管丝绸纤维是非常精细的难以操控，但是波兰发行的这枚小型张却有着十分细腻的艺术效果，它

波兰发行的丝绸邮票

泰国发行的丝绸邮票

的画面体现出一种质朴和素雅的气息。在丝绸邮票的四周,装饰上了优美动人的图案,一种浓浓的古朴诗意油然而起,放眼望去,简直就是一件极其精美的艺术品。

无独有偶,在2010年的8月4日泰国发行了名为《第25届亚洲国际邮票展览纪念邮票(第二辑)——神奇泰国丝绸》的丝绸邮票,全套共有4枚。在这批邮票上,可以见到金、银、蓝、绿箔浮雕孔雀形泰国丝绸标志,其做工技术丝毫不逊于波兰的小型张,也深深地体现出了带有地域特色和东南亚风情。

2.刺绣邮票

刺绣邮票,顾名思义,就是把丝线、各种纤维或者纱线之类的东西用针在绣料或者底布上穿刺、缝制起来,呈现出一种图案以及色彩,以此来构成一种花纹样的装饰织物。一般来说,花纹常常代表着邮票的三种要素:一是

瑞士发行的世界上第一枚刺绣邮票

国家或者地区,二是面值或者图案。

刺绣邮票都是在专门的刺绣机上制作而成的。根据经验,将一块长达10米、宽约9.4米的底基安装到刺绣机上,基本上可以绣制出340枚邮票。通常来说,一根绣针可以达到每分钟200针,工作效率很高。邮票在机器上像打印机喷图那样被一行行地绣出来,每行大约有20枚,而且总是要先绣出淡蓝色的图案,随后再绣上深蓝色的文字,直至340枚邮票统统都被绣出来。在刺绣这道程序完成之后,每行邮票的背面都会加上一个自贴层,最后被锋利的切刀裁成单张邮票。

刺绣邮票和普通邮票一样,它们的背胶都是双面胶并附上了一层保护薄膜,再把保护膜去掉之后,将邮票粘贴在纸上或者其他东西上面,紧压之后再经过2到3个小时的等待时间,邮票就会被非常牢固地粘在贴纸上。随后,将邮票的一角轻轻掀起来再柔缓地撕开,那个背胶层就会被完好无损地去掉了,变成我们经常可见到的无背胶邮票。

从成本花费的角度来看,刺绣邮票的制作显然要高于普通邮票,所以世界各国在发行此类邮票的时候通常都进行限制,不会大规模量产,所以这种邮票具有一定的收藏性和观赏性。

意大利刺绣邮票

　　2000年6月21日,瑞士制作并发行了世界上第一枚刺绣邮票,它们是用多元酯线刺绣在高质量的缎织多元酯底基上制作而成的。

　　2003年4月,为了纪念玩具泰迪熊诞生100周年,世界上的5个小国家几乎不约而同地发行了绣有泰迪熊图案的刺绣邮票,这也是各国在瑞士发行刺绣邮票之后的第二次发行。因为刺绣邮票在制作的过程中难以避免因为机器的拉力不同而造成的差别,所以每一张之间都会存在着轻微程度的颜色差异。

　　下列这些邮票的主图都是大名鼎鼎、活泼可爱的泰迪熊,其造价十分昂贵。

泰迪熊刺绣邮票

奥地利刺绣邮票

3.唱片邮票

1973年的4月15日,为了宣传并带动本国的旅游业,不丹邮政部门在一位名叫托德的美国人的建议下,在世界上首次制作并发行了名为《不丹历史》的唱片邮票。

唱片邮票一共有7枚,它们有着密纹样的外圈,在邮票的中心部分印有国名、邮票面值和图案。在邮票的背面,有着一层黄颜色的衬纸。与一般的邮票不同的是,这种唱片邮票没有齿孔和背胶。有意思的是,这7枚邮票不完全一样,第1到5枚的直径约为68毫米,是我们经常见到的普通邮票,它们的中心图案是两条颜色不同的龙,而第6到7枚直径约为100毫米,是航空邮票,中心图案为龙图和八宝图,带有着浓厚的宗教色彩。

这套唱片邮票的总面值是28.6努尔特鲁姆,发行量没有相关的数据。这7枚唱片邮票的无论从面值、内

不丹发行的世界上第一套唱片邮票

容和颜色上都各有特色,其中那5枚普通邮票分别为:

10Chetram不丹语讲述不丹历史,黄色印刷图,深红色塑料;

25Chetram不丹皇室圣歌,金色印刷图,深绿色塑料;

1.25nu托德用英语讲述不丹历史,银色印刷图,深蓝色塑料;

7nu民歌(#1),银色印刷图,黑色塑料;

8nu民歌(#2),红色印刷图,白色塑料。

2枚航空邮票为:

3nu圣歌,不丹语的不丹历史,民歌(#1),银色印刷图,深紫色塑料;

gnu英语的不丹历史,民歌(#1)和民歌(#2),黑色印刷图,柠檬黄塑料。

这套引人注目的唱片邮票,一经问世之后就赢得了广大邮票发烧友的强烈关注和喜爱,因此在发售之后很快就被抢购一空。目前,这套邮票发行至今已经千年的历史,在邮票市场上已经很难看到它,自然它的价值也与日俱增,据说现在已经达到了346美元。

4.光盘邮票

为了纪念北京奥运会,朝鲜一共发行了2组纪念邮票,第1组为非矩形邮票的圆形邮票,而第2组则是更为独特的VCD光盘邮票,其尺寸皆为8厘米左右,呈现出八边形,所以也属于一种多边形的异质光盘邮票。

在这套异质邮票的外部包装上,印制有"The first Compact Disc video stamp of the world"的字样,意思为"世界上第一种CD录像邮票"。这种光

朝鲜发行的世界第一套光盘邮票

盘邮票差不多能够播放10分钟的时间,里面印刻的内容是朝鲜的民谣《阿里郎》的介绍以及一些游戏观光的宣传片等,2张邮票内容相同。

应该说,这种光盘邮票的收藏价值远远大于其邮资凭证的作用,因为恐怕没有人会舍得把这么小的光盘贴在一个信封上。值得一提的是,这套光盘邮票的背面就是可以播放影碟的部分,是银色的碟机激光头照射面,因为这个特殊区域所以就没有采用不粘胶的设计,因为涂上之后这张邮票的光盘价值就会被毁于一旦。所以,凡是购买这张邮票的人都是放在家里收藏或者播放,估计没有人会用这么高价的稀罕之物当做寄信的邮资凭证。

5.光盘封套邮票

为了纪念旺楚克王朝建立100周年,不丹王国在2008年的2月21日,创先河地发行了两枚一套的带CD光盘的套封邮票。拿到手里看去,这套邮票和此前朝鲜推出的《北京奥运会》光盘邮票有异曲同工之妙,然而在细细的比较之下, 这套光盘封套邮票也顶多具有一点陪衬的意义,谈不上什么内

不丹发行的世界上第一套光盘封套邮票

涵，所以其收藏性要小了许多。

　　这种封套邮票，长宽都在96毫米左右，使用了套花的边框彩印，其主图的基色为蓝绿色和红色。它的上下花边中各有以赭红色为底的橘红铭文框，统一印有白色的"Bhutan"（不丹）。在第1枚的下框文字中，是"君主国100年"，而在第2枚的下框文字中是"与大自然和谐"。在边框里侧的右下方处，标出了邮票的面值——225努尔特鲁姆，折合美金为5.76元。

　　封套邮票的正中央为覆有透明胶片的圆形视窗，可将两张直径各为80毫米的光盘背景一览无余。第一张底色深蓝，划为呈扇形的5等分，分别印着王朝建立后的5位君主全名、头像及其在位年份；第二张为一幅带宗教色彩的全景图，有云、山、石、亭、草、树、鹿、鹤、旗和僧侣等图案。光盘中心小圆孔边对称印着"勿在计算机槽使用"的文字。该封套邮票的背面有不干胶，揭去护纸就可贴用了。

6. 多媒体邮票

　　世界上第一套多媒体邮票是在2009年9月13日由中国首次发行的。这套邮票内容十分丰富，甚至可以用震撼来形容，它将整整313首诗篇共计约2万5千字的内容镌刻在了只有220毫米高、135毫米宽的一版邮票之中。计算下来，每个字占用的邮票面积大概只有0.4平方毫米，用肉眼基本上看不清，只能借助10倍的放大镜才行。这套多媒体邮票，其背景印制得精美绝伦，以夜光油墨来表现明月，让邮票浸透了一股优雅的檀香

味和金光幻彩的效果。

　　这套邮票的特别之处，不仅在于其高超的印制水平，更在于它配套了一支神奇的数码笔，用来点读邮票上的诗句。一票加上一笔，就实现了"可看、可听、可触、可闻"的全方位功能。

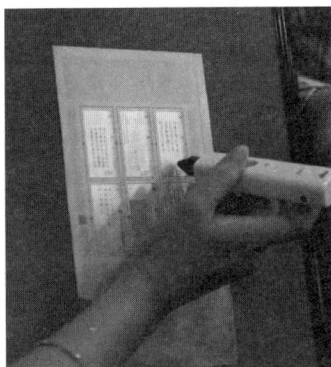

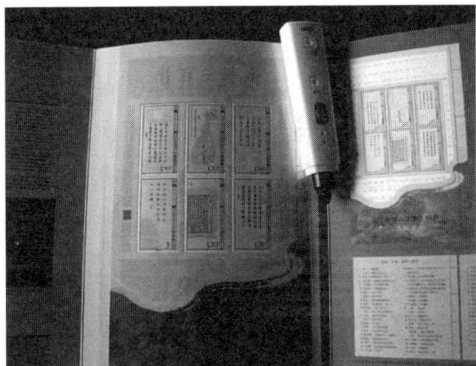

世界上第一套"多媒体视听邮票"

　　如果从外观上辨别的话，这支笔并无特殊之处，类似一支普通的笔。不过，在加上了"隐形数字水印技术"之后，它就能够让书面文字具备了超级强大的点读功能，当然发挥这个作用的前提是所识别的物品没有受到损害。更让人称道的是，这种点读是任意自如的，只要把笔放在哪儿就会听到哪儿，而且音质非常清晰。只要你拿着这支神奇的笔，就可以像魔术师一样尽情领略一款凝集了高科技魅力的"智能"邮票、可以听到国内著名的朗诵大师洪涛、方明等人的配音朗读，如身在其境般地感受唐诗的无尽魅力。这支叫做"妙笔"的点听设备，目前已经被奥林匹克博物馆中国巡展、故宫博物院当做导览系统中的重要组成部分，可以让来自各个国家游客通过它用母语来实现自主导览，受到了很多国家领导人的交口称赞。

　　这套多媒体视听邮票，使用的印刷技术为三层制版，印上了建筑、人物以及多媒体视频水印编码，这个技术工艺的作用就是能够让人们在欣赏邮票的同时，可以使用专门的视频识读笔去触碰邮票上的反应区域，这样就能够听到悠扬动听的昆曲唱腔,而且还能够目睹到婀娜多姿的身影,能够获得一种少见的视听享受。

7.施华洛世奇水晶邮票

施华洛世奇是堪称世界顶尖级别的水晶制造商,由丹尼尔·施华洛世奇在1895年于奥地利创建。每年,它都为水晶灯、首饰、时装等相关工业提供一大批质量过硬、造型精美的切割水晶石,因此也被认定为世界知名的奢侈品品牌。到目前为止,施华洛世奇集团在全球拥有雇员1.42万余人,在2007年,施华洛世奇集团的营业额高达16亿多欧元,创下了同行业中的桂冠。

奥地利邮政部门因地利优势,在2004年9月20日和施华洛世奇公司进行了一次跨行业的合作,制作并发行两枚一套的以施华洛世奇水晶作品为主体的水晶邮票。这套邮票的总面值是7.50欧元,在全世界只发行了80万套,数量不多,收藏价值很高。

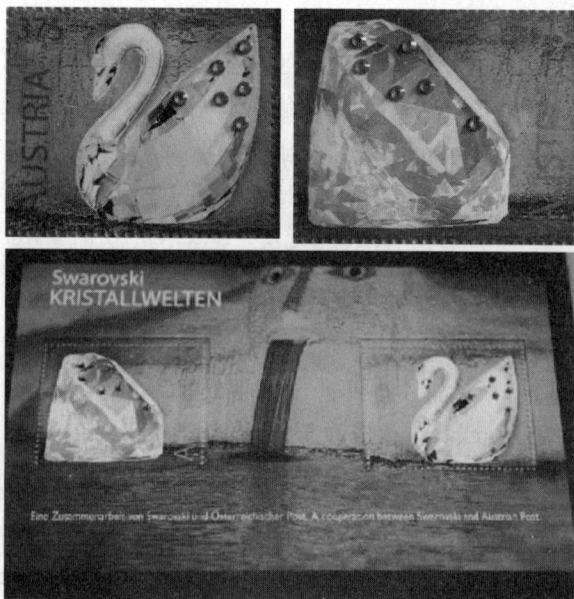

奥地利发行的世界上第一套水晶邮票

这套水晶邮票由深蓝色的湖面作为它的背景图案,在两张邮票中间,是一个人面像模样的石山向湖中吐水。这套邮票右边的一枚印有天鹅图案，天鹅的尾部是由水晶镶嵌的，而左边的那一枚为钻石图案，是由6颗十分精细的小水晶构成的，展现出了一种别具特色的高贵和优雅。邮票的设计师雷娜特·格鲁贝尔指出，这套邮票的制作精妙之处在于，所有的水晶都是被紧紧地压制在纸基的表层，所以绝对不会脱落，完全能够保证收信人在收到信件时绽放出璀璨的光芒。不过，如果真的有人用这样的邮票寄信的话，可能寄到收件人手中的概率会减少吧。

8.唐卡邮票

　　唐卡原本为藏文音译，也有着唐嘎或者唐喀的别称，它指的是那种用彩缎装裱后用来悬挂供奉的宗教卷轴画。按照藏语的意思来理解，唐卡有展开、广阔和平坦的意思，单做动词而言就是"从下向上卷起来"（从上向下卷就是一种不敬）。在唐代的松赞干布时期，唐卡渐渐出现和兴起，逐渐演变成了一种韵味独特的绘画表现形式，与藏族文化本身有着密切的联系，也代表了其高原民族的某些特色，其中那耐人寻味的宗教色彩和异地风情的艺术特征让人久久沉醉其中。

　　一般而言，唐卡的题材是非常广泛的，除了比较常见的宗教题材之外，还包括了藏族的历史、政治、文化以及种种社会生活。相应地，唐卡的质地和品种也是丰富多彩，不一而足。不过就大多数常见的唐卡来说，都是绘制在纸面或者布面上。除了这两种比较主流的材质之外，还有的唐卡是在织物上绘制而成的，因此也被叫做印刷唐卡、彩绘唐卡、织锦、贴花、缂丝以及珍珠唐卡等。从唐卡的制作和发展历史来看，传世唐卡基本上都是藏传佛教和苯教的作品。如果从制作唐卡的材料来划分的话，可以将其分为两种：一种是用丝绢制成的"国唐"，另一种是用颜料绘制的"止唐"。

　　1969年的9月30日，在邮票界屡出奇葩的不丹发行了5枚一套的唐卡邮票。这套邮票绘制了藏传佛教的创始人密宗菩萨金刚持、古印度高僧以及宗喀巴等人物，面值为15ch、75ch、2nu、5nu、6nu。除此之外，不丹还发行了包括75ch、5nu、6nu等3枚在内的小全张。因为这套邮票以藏传佛教文化为图案，又是在丝绸上制作出来，所以才被称作唐卡邮票。这套唐卡邮票从印制工艺上来看比较精致，背面附着一层牛皮纸，揭开即可使用，不过胶水却有点重。

9.宣纸邮票

2008年10月，经过中国宣纸协会的鉴定证明，宣纸邮票这一项发明专利得到了认可。为此，中国的邮票印制部门无论从宣纸的选材和配料上都下了功夫，而且整个生产过程都采用了纯手工，十分具有中国特色。

宣纸邮票具有了与其自身名字相符合的特点，它保持了通常我们可以见到的宣纸表面的帘纹印这一特征，而且其独具的涂布背胶在加强了宣纸本身的强度的基础上，有让其真正具备了作为邮票使用的价值。

不丹发行的唐卡邮票

宣纸邮票还采用拥有国内发明专利的荧光防伪技术，使宣纸邮票具备了很强的防伪功能和视觉效果，实现了传统宣纸工艺达到现代化大生产印刷的技术要求。此次宣纸邮票的印制以现代工业的印刷技术和传统的宣纸工艺为媒介，使古老的书画艺术在方寸间得以展现。

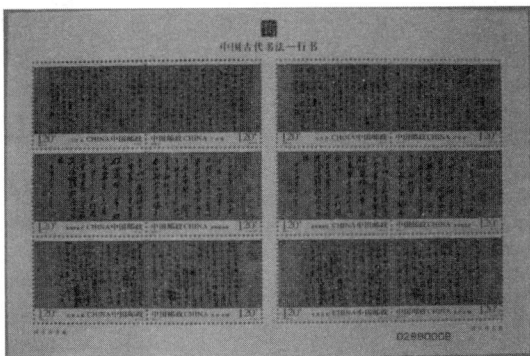

中国发行的宣纸邮票

10. 植绒邮票

植绒技术源于欧洲，它于20世纪的三四十年代兴起，通常应用与欧洲的皇宫、教堂以及修道院等比较大型的建筑，具体的应用手段是在墙上涂上胶水，然后用一些带色彩的粉状物和短纤维粘在上面当做装饰用品。随着第三次科技革命的到来，德国在五六十年代率先研发出了静电植绒技术，到了90年代又开发出了多套色植绒技术。

植绒邮票就是在这种

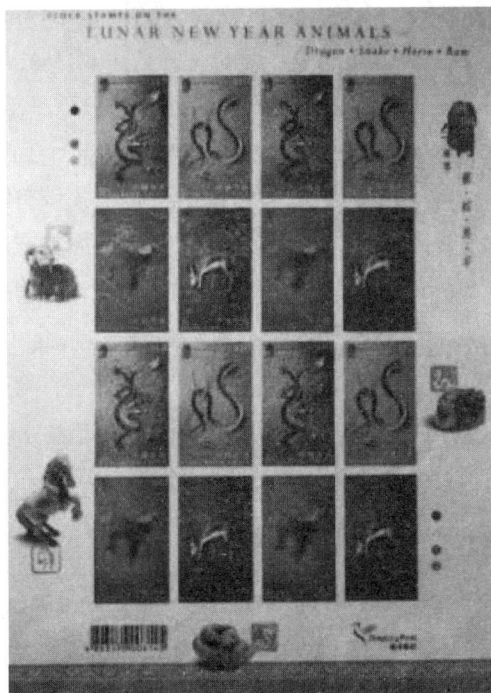

2003年1月19日，香港发行了世界上第一套植绒邮票

技术的基础上制作完成的，它具备了一般植绒物品所拥有的颜色炫彩、触感柔顺等特点。另外，植绒邮票的一个特点是可以经过深加工让它变得耐磨、耐水。适合于各种环境。只要在邮票的背面涂上一层胶水，就可以实现实物邮寄的功能。

11.镂空邮票

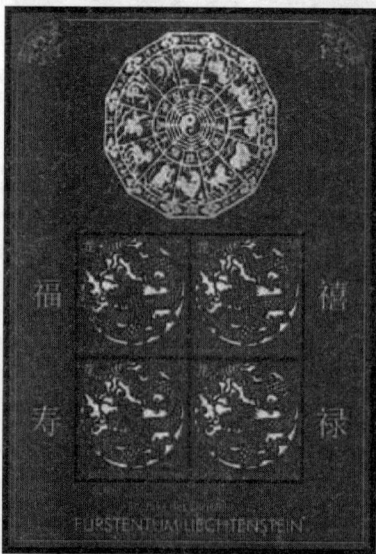

列支敦士登发行的镂空邮票

2011年11月14日，列支敦士登邮政为了迎接中国的"龙年"的到来发行了一枚以龙为图案的生肖邮票，因采用了镂空技术故而被称为镂空邮票。这枚邮票采用了独特的设计理念，无论从色彩上还是创意上都让人叹为观止。在这枚矩形邮票上，我们可以看到一个直径为40毫米的圆，里面刻着一条带有鲜明中国特色的龙。龙的姿态为腾空起舞，势不可挡，象征着壬辰龙年带着一股豪气和霸气来到了世人面前。

除了采用镂空技术之外，这枚龙年的生肖邮票还有着其他的文化寓意所在。它的小版张的设计同样别出心裁。其下方是一个龙年邮票的四张连体，两边分别是代表着中国人常说的"福"、"禄"、"寿"、"禧"四个金色的汉字。在小版张的上方，采用"八卦"的形式展现出一幅金色的"十二生肖全集"。在这个图案中体现了中国传统文化中有关天干、地支的相关文字，深刻地表达出了中国人追求天人合一、人际融洽、阴阳协调的文化内涵。另外，小版张的底色是通红的，上面点缀着金色的图案和文字，表达出了新年到来之际的喜庆之气。

在这枚龙邮票发行之前，镂空技术也出现在很多邮票上，但是仅仅使用在小型张、小版张等邮票的边纸上，作为一种陪衬性的装饰而存在。相比之下，这枚龙邮票的技术就要高出很多，它的整个主图都运用了镂空技术，其精巧的做工是非常具有收藏价值的。

12.金箔邮票

为纪念法国的阿尔贝·施韦泽博士逝世，加蓬共和国发行了一枚金箔邮票，长为46毫米，宽为31毫米，面值相当惊人，达到了1000法郎。这枚邮票重达1.1克拉，选用了无色压凸技术，在邮票的背面附着了一层刷有高粘性胶水的衬纸。它一共发行5万套，图案自然是阿尔贝·施韦泽博士的肖像以及加蓬共和国的地图、国名、邮政标记以及一些说明文字等。因为邮票是纯金制作而成，所以图案非常清晰并闪烁着金属的光芒。由于这套邮票发行量太少，所以在上市之后马上被全世界的集邮爱好者收入囊中，现在已经很难找到它。

加蓬共和国位于非洲中部，是一个矿产资源极其丰富的国家，其采矿业的国民生产总值约占全国的一半，是非洲富裕的国家之一。由于加蓬盛产黄金，所以每当遇到重大事件时，都会毫不犹豫地发行黄金印制的纪念邮票。在发行了这套金箔邮票之后，加蓬又接连发行了5套类似的邮

加蓬发行的金箔邮票

票,其中有些采用了三色彩印,让全世界的邮票发烧友们不由得口水连连。

由于效仿加蓬共和国,海地、多哥、坦桑尼亚等国家也发行了这种金箔邮票。为了证明其自身的高昂价值,有些国家在发行此类邮票时还加上了含金量的相关证明。从1965年到至1983年,先后一共有15个法属非洲国家发行金箔邮票,种类多达400枚左右,其中凝聚了很浓厚的商业色彩,因为这些邮票的面值都非常高。在20世纪的90年代,这种大量发行金箔邮票的举动有所减少,原因可能是国际集邮联合会对这种有害邮品的发行而采取的措施有关。所以,很多产金国家又都回归到发行普通邮票的正轨上。

在中国,因为对"金箔"邮票存在着一些误解,所以经常会把"金箔烫压(或压覆)"邮票与"金箔"弄混。其实,这两种邮票是有很大的区别的。因为金箔烫压邮票是在纸质邮票压覆金箔制作而成的,而金箔邮票则是用黄金直接压延成很薄的金带作为纸基而印制出来。

13. 铜箔邮票

由于铜的价值不比黄金和白银,所以一般发行的纯铜箔邮票很少,都是将铜粉作为烫金材料。

不丹发行的铜箔邮票

1969年,不丹发行了一套铜箔邮票。这套邮票因为其材质特殊,所以市场上的存量极少。

为了纪念铜矿收归国有,智利于1972年发行了2枚一套的邮票,外加小全张1枚。其中的小全张,在上半部分印有齿孔尚未打出来的邮票两枚,而在其下半部分嵌上了绘有一位矿工开采矿石的场景图案,由圆形的铜箔制作。据说,这套邮票是迄今为止世界上第一枚也可能是唯一一枚由镶嵌铜箔制作而成的小全张,其收藏的价值不可小觑。

14. 钢箔邮票

钢箔邮票与其他金属邮票相比,在制作工序上相对麻烦一些,它在印刷前必须要将选取的钢箔进行非常严格的清洁处理,随后才能在其干净的表面上镀一层薄锡,最后用胶印的方法将其印刷、烘干。为了保证其耐腐性,还要加上一层保护层,这才能进入到裁切的工序。通常来说,钢箔邮票需要很特殊的油墨才能完成,而且由于其易生锈的特点很难保存。即使邮票持有者小心收藏,往往也会在镀层局部出现锈蚀甚至脱落的情况。

此外,由于小型张有着较大的面积,加之在发行钢箔邮票时受到了技术因素的限制,所以很多邮票都出现了折皱和不平的情况,以四个角尤为严重。因此,在这种邮票进入市场之后,购买者都对其做工感到不满意,也很少有人能够得到比较完美的收藏品。

不丹发行的钢箔邮票

15. 全息图邮票

全息邮票,也被叫做激光摄影全息图邮票,在中国的港、澳、台地区还有另外一个名字——镭射邮票。其实,所谓的全息邮票,是由用于全息摄影的感光材料制作而成。它的原理并不复杂,是采用激光当成一种照明的光源,将其投射出来的光分成两束,其中一束直射向感光片,而另外一束则经过被摄物体发射后再射会到感光片上。当两道光在感光片上交合在一起时,

奥地利发行的世界上第一枚全息图邮票

变成了不同的位相,于是就记录了整个物体的形象信息,看上去有很强的立体感。一般来说,这种邮票都是将全息图片复合在纸基上面,除了面值和相关说明是印在纸基上,其主图则采用全息影像技术。这样叠放的作用就在于能让整张邮票产生一种错落有致、层次鲜明的醒目效果。

如果你真的舍得将这样的邮票贴在信封上,请切记不要将其放进水里泡,否则全息图将会从邮票上脱落,即使没有脱落也会变得模模糊糊。

16.塑料立体邮票

运用覆塑料光栅蒙片的方式制作出来的具有3D效果的塑料立体邮票,可以因光线的折射变化给人一种视觉上的立体感,从而呈现出逼真的图案。有时候,还能够随着角度的产生不同的图案,让人耳目一新。

不丹发行的世界上第一枚立体宇航邮票

17.木质邮票

用木质材料制作而成的邮票,由于其特殊的材质和较高难度的印制工艺水平,让这种邮票的价值要远远高于纸质邮票。

为了纪念建国22周年,加蓬共

和国在1982年发型了一套木质邮票，其材料选用了当地特产的一种树皮。在邮票的图案中，邮票的设计者毫不跑题地采用了本国木材加工与运输的图案，让邮票的材质和内容相得益彰。

加蓬发行的木质邮票

18.热敏邮票

热敏变色邮票，与普通邮票的最大区别是采用了热敏油墨。热敏油墨的最大特征是，它能够随着环境温度而产生不同的变化。在这种另类的油墨中，有着变色颜料、连结料以及填料构造而成，其中的变色颜料决定着颜色的变化。有意思的是，这种变色颜料可以分成可逆和不可逆2种，第一种只要遇到热温就会变色，在冷却之后便会复原，而第二种在冷却之后，将不会复原。

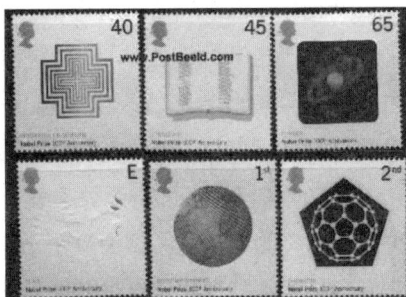

英国发行的热敏邮票

为了纪念诺贝尔奖一百周年，在2001年10月英国发行了6枚邮票，其中有一枚便是热敏邮票。热敏邮票的图案为黑色五边型上白色的碳60分子结构。当有人用手去触摸这枚邮票时，图案中的黑色将会变淡，进而露出藏在里面的黑色圆形。应该说，这套邮票的技术含量相当之

让部分邮迷失望的泽西字母邮票

新西兰的热敏邮票

高,不仅采用了热敏的材质,还应用了微印、香味以及全息等多种技术工艺,简直称得上是现代制邮的科技小集合。

2002年,继英国之后泽西岛又发行了一枚热敏邮票,面值为5英镑,是全国面值最高的普票。当时,选用何种图案作为主图着实让设计师费了一番苦心,最后终于确定用日常信件和包裹中经常可见的大小英文字母为图案,遇热会变得苍白。然而,这种缺乏美学价值的设计在某种程度上并没有配合其本身的热敏特性,让一部分邮票发烧友们感到失望。

新西兰于2006年9月发行了一枚小型张和一套5枚的邮票,向世界展示了当时风行全球的淘金热浪潮。在这套系列邮票中,有一枚非常特别,它的图案是一个淘金者端着一个黑色底子的脸盆,当有人用手去触摸这个脸盆底的时候,顿时就会显露出黄澄澄的"金块"。

第二年的7月4日,新西兰又发行一套热敏邮票,名为"经典猕猴桃"。如果望文生义的话恐怕会认为这是一套与水果有关的邮票,其实这只是在向大家介绍新西兰的俚语。这套邮票的小版张为20枚邮票,每一张的左边都是一个短语,右边进行了释义。不过,这个释义在用手触摸之前仅仅是一个黑框而已,只有当你用手指按压片刻之后,才会显露出清晰的文字。

19.尼龙邮票

1963年3月12日,民主德国为了纪念本国发达的化纤工业,第一次采用尼龙纤维设计并制作了一套主题为"化学为和平和社会主义服务"的小型张。这套小型张为深蓝色,尺寸为105mm×74mm,邮票图案是一名女化验员和石化蒸馏塔。鉴于尼龙本身具备的特殊材质所限,因此很难继续切割成太小的票幅,于是就以小型张的形式出售,不过其背面刷胶还是可以应

东德发行的尼龙邮票

用于实寄。然而，由于尼龙这种纤维很容易发生扭曲变形，所以一般还是很少有人用它进行实寄，而是用于收藏和鉴赏了。

20.铝箔邮票

为了纪念"国际轻金属工业会议暨匈牙利制铝工业25周年"，智利在1955年10月5日发行了1枚一套的铝箔邮票。这套邮票分为有齿和无齿版本的各1枚。这枚邮票的面值是5福林，是智利的航空邮资。在邮票的背面贴有磨光纤维纸和背胶，能够很轻松地贴在信封上。为配合使用，智利的邮政部门还特别制作了精心为其专门设计的邮戳，当做盖销邮票使用。应该说，这套邮票的制作工艺水准相当高，铝

智利发行的铝箔邮票

智利发行的铝箔邮票

箔纯度高达99.5％，而厚度只有0.009mm。本套邮票的图案是一架飞机在金属冶炼厂的上空飞过，象征着用铝材制造的飞机承载着人类科技的文明。这枚铝制邮票一经问世，马上成为集邮爱好者热捧的目标，在目前的邮票市场上不太容易找到了。

21.视频邮票

为了纪念都灵第20届冬季奥运会开幕，2006年2月10日，荷兰皇家邮政

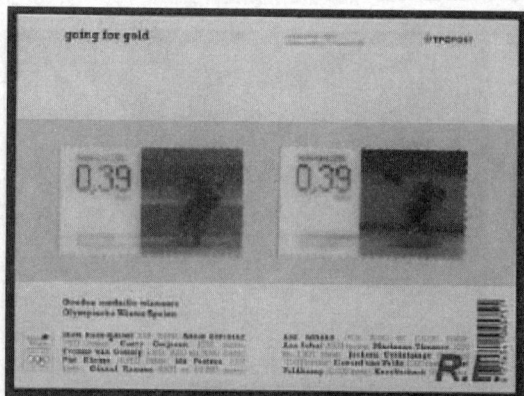

荷兰视频邮票

局设计并发行了世界上第一枚能够播放短暂视频的邮票。这套邮票采用了
"video frequency"的科学技术，因此荷兰邮政将其称作为"视频邮票"。虽然
在这套邮票发行之前也有过相似的邮品，然而那一类邮票最多只能显示两
幅图画，而荷兰发行的这套邮票真正意义上实现了"视频"的意义，它能够
在两秒钟之内显示出12幅画面，其中的原理就是：它的表面印有大量极其
微小的晶体，能够根据观看角度的变化产生不同的图像。

　　这套视频邮票并非是荷兰一个国家独立设计并制作完成的，而是由
多个国家共同努力的结果：新西兰负责技术提供，荷兰负责设计，澳大利
亚负责印刷。

新加坡发行镶嵌珠子的邮票

泰国镶嵌原石粉邮票

摩洛哥丝绸镶嵌陶瓷

22.镶嵌邮票

　　所谓的镶嵌邮票,是在邮票的票面上采用镶嵌工艺将一些纸类之外的物质加入进去的邮票,这些附加的东西可能是珠宝,也可能是其他手工艺品。通常来说,镶嵌邮票成本高昂,而且很具有艺术和收藏价值,深受一些集邮爱好者的追捧。

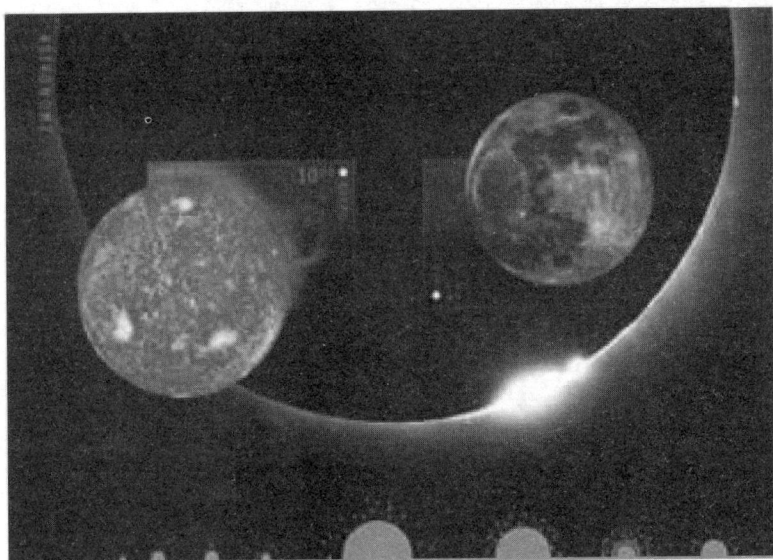

挪威票面上附有真实的陨石颗粒

奥地利镶嵌陨石粉末

第二章　异形邮票，怪状出奇

"方寸天地"常常寓意着邮票，然而邮票并非都是"方的"，也可以是丰富多彩的形状：圆形邮票、三角邮票、菱形邮票……这些经过"变形"之后的邮票更具有一番非主流的艺术特色，让邮票世界中矩形的一统天下散发出了百花齐放的芳香。

众所周知，我们一般所看到的邮票都是规规整整的矩形，这是为了贴在信封上显得整洁。在人们心目中，邮票形状给人的印象都是矩形的，很少见到三角形或其他形状的。事实也的确如此，在世界上目前发行的四五十万种邮票中，绝大部分都是矩形的，也是人们最习以为常的。不过，人们的想象力却是无极限的，于是就有人要一改传统，对邮票的形状进行了创新。于是在矩形邮票这个庞大的家族之外，又衍生出了三角形、菱形等几何图形的邮票产生。这些奇形怪状的邮票被称为异形邮票。目前，在全世界发行的异形邮票中，最常见的形状是菱形、三角形，其次就是平行四边形、梯形、圆形、八角形、五边形等。当然，比这些邮票中的非主流还要非主流的是有些国家发行的非几何形状的邮票，比如水果形、钻石形甚至还有火车形飞机形等。

根据资料记载，世界上第一套异形邮票问世于1853年9月1日，它是由英属南非好望角发行的三角形邮票。借由这一套另类形状的邮票，不少国家和地区纷纷跟风，制作并发行了很多形状各异的异形邮票。

随着异形邮票逐渐进入人们的视野，广大集邮爱好者不免耳目一新，这些邮票不仅颠覆了人们对矩形邮票的固有认识，也提高了人们在日常使用邮票过程中对其的欣赏和收藏的情趣。人们对这些另类邮票的认识之后,它们很快在邮坛上拥有了属于自己的位置。

虽然异形邮票问世之后得到了人们的认可和喜爱,但是真正促使它们大批量地进入人们的视野还是从20世纪60年代开始的。其中,南太平洋的汤加和非洲西部的塞拉利昂和是发行异形邮票最多的国家。根据相关数据显示,汤加从1963年以来发行的异型邮票已经达到了100多种,而塞拉利昂的异形邮票在国际邮坛上也是非常有名的。

和传统的矩形邮票相比,异形邮票开阔了人们的视野,因为它摆脱了形状对邮票表述语言的限制,它可以是动物和植物也可以是地图和钱币等千奇百怪的形状,它们通过邮票的这方寸之间来展现出其独特的魅力所在。从实用性来看,异形邮票的发行主要是为了满足本国邮政上的需要,所以其发行量不是很大,主要是进入了一些集邮爱好者的收藏袋里。因为其特殊的形状决定了它的印刷工艺也是很特别的,通常采用的工艺是单枚冲压成型,既没有整版票也没有齿孔,此外还标有国名、面值等信息,所以非常具有收藏价值,也成了集邮范畴中广受好评的系列专题之一。不过遗憾的是,异形邮票中目前还没有诞生十分珍稀的票种。

●世界上第一套三角形邮票诞生于1853年,是非洲好望角发行的2枚一套的普通邮票,2枚邮票都是三角形状,成为了世界上第一枚三角形邮票。

●倒三角形邮票:在早期时候,不少国家发行的三角邮票都是正三角形,后来由于这种邮票的数量太多,所以有些国家干脆推陈出新继而发行了倒三角形。比较著名的是奥地利在1916年发行的一套2枚快递邮票,形状就是另类的倒三角。

世界上第一套带齿孔的三角形邮票:非洲的好望角发行的第一套三角形邮票是无齿孔版本的,而南美洲的厄瓜多尔在1908年发行了世界上第一套共计7枚带齿孔的三角形邮票,其中有5枚是带齿孔的三角形邮票。

不对称的三角形邮票:通常,三角形邮票都是等边、等腰三角形,但是也有一些国家不按照套路来,发行了不对称的三角形邮票,比如在1869年,哥伦比亚曾经发行一套三个不等边的三角形邮票。

非常罕见的三角形小版张:1948年,罗马尼亚曾经发行了一套主题为《青年劳动者日》的三角形小版张,这套小版张里一共包含4枚相同的三角形邮票。有意思的是,这些邮票还可以组合成一个三角形,所以是国际邮坛中比较罕见的三角形邮票之一。

世界上票幅最大和最小的三角形邮票:俄罗斯1922年发行的一套共4枚的附捐邮票,其中一枚三角形邮票长边有6.5厘米,是迄今为止票幅最大的三角形邮票。在1865年哥伦比亚发行的一枚三角形邮票,长边只有2.6厘米,是世界上票幅最小的三角形邮票。

1.矩形邮票

从邮票诞生在这个世界上以来,似乎就注定了它的主流形状就是矩形的。的确,世界上第一枚"黑便士"邮票就是矩形的,这并非是英国人独特的喜好,而是矩形邮票本身存在着很多科学的道理。

邮票是一种邮资凭证,因此它的设计必须满足邮政业务在使用上的广泛需求。一方面,邮票的尺寸不能太小,应当在寄递用的信封上占据一定的位置,因为它可以用来表示寄信人已经预付了邮资,在流通的过程中需要进行

矩形邮票

注销处理,避免被重复使用;另一方面,邮票也不能够喧宾夺主,不能过分地将信封遮盖住,影响寄信人在信封上面书写文字同时还要便于邮政业务的戳记展示。

本着以上两个原则,"黑便士"的图幅采用了19mm×22.5mm的尺寸,贴在当时尺寸为120mm×80mm的信封上,所以从外表上看还是非常和谐统一的。于是,矩形邮票成为了各国在制作邮票时的典范,就连我国在清王朝时期发行的大龙邮票也是矩形。

当然,除了尺寸的因素之外,我们日常的审美观点也决定了矩形势必成为主流形状,因为矩形是生活中最常见的形状,如书本、信封、图片、桌子、盒子等物体都是矩形,它具有着强大的稳定性和普适性。用这种形状可以准确地描述物体上下左右的透视关系和所处的空间方位,更重要的是还可以融合其他形状的图案。

此外,由于矩形在平面上的各个角都是直角的四边形,在设计邮票图案的时候便于构图,其排列也非常整体,适合进行排版,在打孔的时候也很方便,同时也有利于手撕,能够促使邮票进行大规模的制作以此节约生产成本,也有利于统计、保管和出售……鉴于以上种种原因,矩形成为了邮票形状的必然选择。

如果将矩形邮票细分的话,还可以分为横长方形、竖长方形和正方形。相比之下,横长方形比较适用于表现水平方向延展的画面,而竖长方形适合于表现垂直方向提升的画面,其长短边的比例介于1:1.2到1:1.8之间居多,符合1:2比例或黄金分割

世界上第一枚三角形邮票

0.168比例。因此，世界上的矩形邮票多数采用26mm×31mm、30mm×40mm、52mm×31mm、40mm×27mm、54mm×40mm等尺寸，当然也有因为特殊设计图案的需求被设计成十分细的长方形。

矩形中的正方形是比较特殊的一种形状，在生活中也是很常见的，然而和长方形相比，正方形邮票却发行量很少，因为正方形的邮票在使用的时候会横贴或者倒贴，从而影响人们的审美习惯。

世界上最早发行正方形邮票的国家是德国。1849年11月，属于德意志范畴内的巴伐利亚公国发行了一套以数字图案为主题的普通邮票就采用了正方形的。随后，德国的巴登、符腾堡等地也纷纷发行了正方形邮票。此后不久，世界各国也都紧随其后地发行过正方形邮票。然而，由于正方构图形式比较罕见，最近还出现了专门为正方形邮票设计的方块构图。

中国也发行过一些正方形邮票，比如西藏地方曾经在1924年发行的狮子图第二版普通邮票就是正方形的。此外，在中国的抗日战争时期的解放区有不少邮票中也是正方形的，比如1937年晋察冀边区发行的"半白日图"邮票，以及苏中、淮南区发行的"平、机、快"邮票……按照统计数字计算的话，如果不计算加盖和改值邮票，中国解放区的邮票中至少有29套合计98枚正方形邮票，比如"稿字邮票"、"唐县临时邮票"、"清河五角形图邮票""津浦路西区星球图邮票"等。在1949年后，也多次发行正方形邮票，如"第一届全国邮政会议纪念"邮票、"寿山石雕·乾隆链章"小型张邮票（97mm×97mm）等。

2. 三角形邮票

如果按图案的方向进行划分，三角形邮票可以分成等腰三角形、等边三角形、倒等腰三角形、倒等边三角形以及不等边三角形等。按照力学原理，底部小的物体容易倾倒，所以倾斜的三角形会有一种动态不稳定的感觉。相比之下，只有正三角形才是最稳定的形状，比如埃及的金字塔。

纪10"保卫世界和平"三角形邮票

　　1853年9月1日,非洲南端的英属殖民地好望角,发行了世界上第一套三角形邮票,一共2枚,图案为希腊女神坐像。三角形邮票的问世,打破了矩形邮票一统天下的局面,以一种完全新鲜的形式出现,是一个很大胆的突破尝试。毕竟在这之前人们一直将矩形以外的邮票视为异类,其实三角形也只是矩形中一剖为二的分割罢了。

　　至于当时好望角为何要别出心裁地发行三角形邮票,倒不是因为当局想标新立异,二是英属好望角的立法和会的官员们想要设计出和英国邮票不同的一种邮票,方便当地文化水平不高的邮局职员能够快速地识别出来,因此才催生出了这个"奇葩"。这套邮票一共有两种面值,1便士面值的为土红色,4便士面值的为蓝色。没想到这套邮票的诞生让好望角当局觉得十分可行,于是在此后的10年间又陆续发行了12套三角形邮票,其中一些邮票成为举世闻名的珍邮。

　　1857-1860年,英属殖民地纽芬兰发行了一套等腰三角形邮票,图案为玫瑰、蓟、三叶苜蓿,它是继好望角之后第二个发行此类邮票的国家。紧接着到了1865年的时候,哥伦比亚又发行了世界上第一枚等边三角形邮票也是世界上最小的三角形邮票。到了1869年，哥伦比亚又发行了世界上唯一的不等边三角形邮票，这张邮票的底角一个是50度而另一个是40度。因为当时的邮票打孔机没办法作用在这种邮票上，所以这一时期的三角形邮票都是无齿孔的。直到1908年，厄瓜多尔发行了世界上第一套带有齿孔的三角形邮票，终结了无齿孔三角形邮票盘踞的历史。1922年，苏维埃社会主义共和国联盟发行了边长为64mm的等边三角形邮票，一举成为了世界上最大的等边三角形邮票。

各种三角形邮票一览

应该说，正是好望角的三角形邮票打开了人们的设计思路，所以在它出现之后，很多国家开始尝试用三角形来表示一些特殊用途的邮票，比如在南美的乌拉圭所发行的农业包裹业务邮票以及奥地利发行的火箭邮票等，它们都以这种特殊的形状来表现自己代表的功用。

1951年，中国发行了纪10"保卫世界和平"三角形邮票，以毕加索绘制的和平鸽与橄榄枝为主画面，加上邮政标记和面值，就构成了一个稳定可靠的图案。

新西兰的大巴里尔岛,在1897年建立了和奥克兰之间的信鸽邮政同时发行的三角形邮票,图案是一只鸽子,其中蓝色的6便士邮票可以将信从大巴里尔岛带到奥克兰,而红色的1先令邮票可以从奥克兰返回到大巴里尔岛。这种很有象征意义的信鸽邮政前后运行了10年的时间,直至1908年大巴里尔岛有了电报为止。到了1997年的5月,新西兰为了纪念信鸽邮递建立100周年特地发行了两种纪念邮票,设计的内容和当年的信鸽邮票别无二致,无非改动了其中的文字和面值罢了。

自从好望角首开三角形邮票出现以后,至今大约有110多个国家发行了共计1600多枚三角形邮票,其中绝大多数都是正三角形邮票,只有一少部分因为构图的需要而被设计成倒三角形。1916年,奥地利首先发行了倒三角形邮票,在1994年,南美国家苏里南于发行了一种十分罕见的竖立三角形邮票。1998年,在柬埔寨发行的"交通工具"小型张上就是一个右直角的三角形,而在前一年由阿富汗发行的小型张上的三角形邮票却是左直角的三角形。更有趣的是,皮特凯恩群岛发行的果木花卉邮票,全套4枚竟然每一个直角的位置都不同。

1999年,瑞士为纪念万国邮政联盟成立125周年发行了一套由三角形邮票和矩形邮票构成的连票,1966年苏联为了纪念南极考察10周年而发行的三角形连票中的正菱形票,还拦腰打了两段齿孔,从外表上看比较接近三

中国发行的兜兰邮票

为纪念2007年世界夏
季特奥会发行的菱形邮票

2001年6月14日,俄罗斯发行一套14枚的俄罗斯宗教建筑邮票,全部都是菱形邮票。

角形但是因为已经打了孔因此还是正菱形邮票。

通常来说,我们见到的大多数三角形邮票都是直角等腰三角形,也就是说顶角是90度,两个底角分别为45度,将两枚这样的三角形邮票拼在一起恰恰组成了一个正方形,所以很方便在全张邮票中进行组合排列。有人曾经统计过,在全世界发行的三角形邮票中,有17%是等边三角形,而这种形状为全张邮票的排列就带来很多麻烦。

3.菱形邮票

一种固定的形状不会让想象力无限大的人类满足,因此在矩形邮票发行10年之后,这种固定模式开始被打破。1851年,今天加拿大属地的新斯科舍和新不伦瑞克发行了皇冠与纹章图案的正菱形邮票,尽管这一次的改革创新只是把原本为正方形的邮票图案转了45度,但正是这一次突破让邮票的形状发生了变化。截止到目前,菱形邮票在全世界范围内已经发行了几百枚,其数量仅次于三角形邮票,可以说是特殊几何形状邮票中的重要大系之一。

菱形是呈现在平面上的一种四边相等的四边形,如果细分的话可以分为直菱形、正菱形和横菱形三种。所谓的正菱形就是正方形,它的每一个内角都是90度,不过因为邮票上图案安排的需要让它必须竖立起来,于是就成为了正菱形。当然,假设菱形的内角没有达到90度的话就自然地变

世界上第一套梯形邮票

成了长菱形，给人以活泼和灵动的特殊感觉，因此在设计和构图的时候需要兼顾到平衡。

1857年，英属纽芬兰发行的第一套普通邮票中就有一枚正菱形邮票和一枚三角形邮票。到了1894年，吉布提发行了一张最早的横菱形邮票。从统计数据上看，各国发行的横菱形邮票比较普遍，但是竖菱形的邮票却很少。1961年，为了纪念该国政府公务员协会成立，菲律宾发行了一套共计2枚的竖菱形邮票。两年之后，葡属几内亚发行了题为"蛇类"的邮票一共12枚，其中就有10枚是竖菱形，而另外2枚是横菱形。1963年，马来西亚发行了一套横2枚的菱形邮票，图案是吉隆坡的议会大厦和徽标。1971年，马来西亚又发行了2枚图案为议会大厦的横菱形邮票以此来纪念英联邦第17届会议。1974年，南美洲的委内瑞拉发行了8枚图案为筑路机、桥梁的竖菱形邮票，目的是为了纪念该国公共建设部成立100周年。

最近的几年间，蒙古、荷兰、法国、印度尼西亚等国先后发行了菱形邮票，进一步推动了该种邮票的发展。1997年，为了纪念该国集邮50年，马来西亚发行了一枚菱形邮票小全张，图案为邮票、实寄封以及放大镜等集邮物件。1999年，非洲的纳米比亚为了纪念在中国举办的世界邮展特地发行了一枚图案为纳米比亚兰花的方菱形小型张。

2001年，中国邮政发行了"兜兰"菱形邮票并同步发行了小型张，无论是在设计图案方面还是印刷方面都属上乘，终于让期盼已久的中国集邮爱好者有了收藏的对象。

4.梯形邮票

梯形是一种特殊的四边形，它的一对边是平行的，另外一对边是不平行的，如果按照邮票图案的位置，它可以进一步分成正梯形、横梯形以及倒梯形。

在异形邮票之中，梯形邮票的数量和规模是不多见的，其诞生的时间

巴基斯坦发行的平行四边形邮票

也相对晚了很多。1955年，弹丸之国摩纳哥发行了主题为"法国传教士、医生阿尔贝·施维泽诞生80周年"的世界上第一套梯形邮票，全套一共有4枚邮票，其中2枚是梯形。在这两枚梯形邮票中，一枚的图案是施维泽医生的半身像，而另一枚的图案是由他创建的兰巴雷内医疗中心。没过多久，摩纳哥又发行了主题为"小说家儒勒·凡尔纳逝世50周年"的邮票，全套一共11枚，有一枚是梯形邮票，图案是凡尔纳肖像与"鹦鹉螺"号潜水艇。就在这一套邮票发行的当天，摩纳哥还发行了一套以"圣母玛利亚"为主题的宗教类型的邮票，全套合计3枚，其中有一枚是梯形邮票。

2010年1月19日，爱沙尼亚为在塔林举办的欧洲花样滑冰锦标赛发行的梯形纪念邮票。

1967年，马耳他为了纪念圣诞节发行了一套连印邮票，共计3枚，其中两枚为倒梯形（即上平行边更长），一枚为正梯形，其组合形式非常特别正好是一个倒梯形。

1967年，坦桑尼亚发行了一套8枚梯形邮票，其中有4枚是恐龙，而另外4枚分别是狮、虎、猩猩、大象。

1967年，马来西亚年发行了主题为"海峡殖民地邮票发行100周年"的梯形邮票，全套合计3枚，都是票中票。1970年，马来西亚再次发行了主题为"彭亨卫星地面站开通"的邮票，全套3枚，其中一枚为横梯形。迄今为止，这是全世界唯一的一枚横梯形邮票。

1974年，尼日尔于发行了主题为"首届冬季奥林匹克运动会50周年"的正梯形邮票。1999年的10月1日,为纪念中华人民共和国成立50周年,加拿大发行了一套可以自行粘贴的邮票——"风筝"小全张,其中有一枚就是梯形邮票。

2003年,印度尼西亚发行了主题为"火山"的梯形邮票,全套共计5枚,图案是苏门答腊岛上的葛林芝火山、努沙登加拉群岛中的巴巴岛上的坦博拉火山、拉雅角的喀拉喀托火山、苏拉威西岛的茹昂火山以及爪哇岛的麦劳匹火山,其中小全张上的各枚邮票都是对倒排列的。

《亚洲–太平洋邮政联盟成立50周年》邮票

马耳他发行的不等边五边形邮票

5. 平行四边形邮票

平行四边形邮票同时也被称作斜方形邮票,这种邮票存量相当稀少,可以按照其倾斜的特征分为右倾斜方形和左倾斜方形两种。因为平行四边形邮票独特的造型,导致其在设计和印刷等环节中都要面临着比较大的难度,所以世界上很少有国家发行这种邮票。根据数据显示,目

印度尼西亚发行的以历届政治领袖为主题的五边形邮票

以鸟巢为图案的中国第一枚五边形邮票

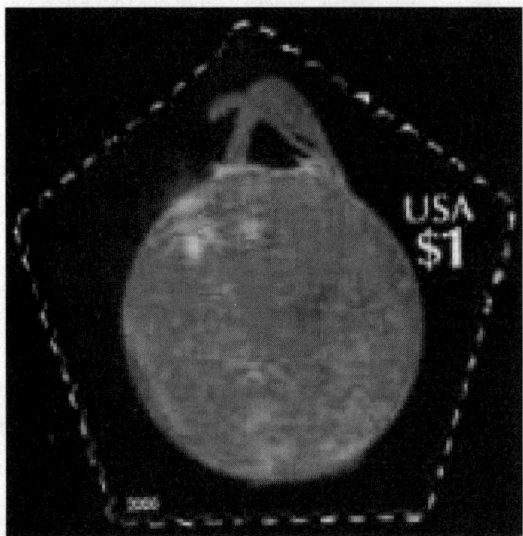

美国发行的正五边形邮票

前大概只有六七个国家发行了平行四边形邮票。1979年,萨尔瓦多发行了一套6枚"昆虫"邮票,画面为甲虫、蜜蜂、螳螂以及蝗虫等,这套邮票色彩鲜艳、印刷精美,昆虫栩栩如生,非常逼真。

1975年,蒙古发行了一套7枚的"药用植物"邮票,到了1978年再次发行了一套7枚的"菌类"邮票。蒙古发行的这两套邮票各不相同,别有特色,"药用植物"邮票有着丰富鲜艳的色彩,采用不同的颜色作为衬底,体现出了一种简单得体的设计,而"菌类"邮票则统一设计了一个造型独特的边框,让人过目难忘。

为了纪念本国的世界遗产——"莫亨朱达罗遗址",巴基斯坦前后共计发行过3套邮票,其中在1976年8月发行的第一套邮票就是一枚平行四边形邮票,图案是莫亨朱达罗遗址、教士像和青铜雕像"舞蹈少女"。

1992年2月，为了纪念奥运会，斯洛文尼亚两次发行了平行四边形邮票。第一组以冰雪运动为主题一共2枚；第二组以奥运五环、人物和奖章为图案，也是2枚。这两套邮票一套是左倾斜的平行四边形,另一套是右倾斜的平行四边形,足见设计者的用心良苦。

2012年,中国第一次发行了一枚题为《亚洲–太平洋邮政联盟成立50周年》的平行四边形邮票,面值为1.2元。

6.多边形邮票

多边形邮票因为形状的限制,目前存世量也不多见,而且种类比较单一。

1968年,为了庆祝圣诞节,马耳他发行了一套类似于房屋形状的不等边五边形邮票,图案是东方三博士、伯利恒的星、天使、耶稣诞生以及牧羊人。

中国澳门发行的"易经八卦"六边形邮票

智利发行的六边形邮票　　　中国发行的残疾人运动会会徽六边形邮票

　　1997年，以"印尼合作日"为主题，印度尼西亚发行了一套纪念邮票，其中的一枚为正五边形，图案中的人物是印尼前总统苏哈托和继任总统瓦希德的半身像。2002年，印度尼西亚再次发行了2枚正五边形的"独立25周年"纪念邮票，图案是时任总统梅加瓦蒂和副总统哈姆扎。到了2005年，印尼又一次发行了2枚正五边形邮票，图案是时任总统苏西洛和副总统尤素福·卡拉。由此可见，印度尼西亚的这几枚多边形邮票带有很浓厚的政治色彩。

　　2008年，中国为纪念北京奥运会，设计并发行了第四套纪念邮票，其中有一枚图案为鸟巢的国家体育场小型张，这是我国第一次发行五边形邮票。

　　1998年，为了迎合世界邮展的隆重举行，以色列发行一套6枚的五边形邮票。和一般的多边形邮票不同，这套不等边的五边形是一个正方形裁去一个大角而形成的，画面内容是猫、狗、金鱼、豚鼠、鹦鹉、兔等一些小动物。

　　2000年，美国在举办世界邮展期间，设计并发行了一大套以"太空探险成就"为主题的邮票，其中有一组的主题是"探索太阳系"，里面的邮票全部都是正五边形。这是美国人第一次发行五边形邮票，邮票以画面语言分别介绍了美国凭借卫星探索到太阳的多个不同侧面，是一套具有科普教育性的邮票。

　　2003年，中国香港发行了一套4枚的"香港公共房屋的发展"邮票，内容是讲述了在过去的半个世纪中香港公共房屋的发展状况。有趣的是，为了配合邮票的主题,邮票的形状也被设计成了房屋形状,让人不由得拍案叫绝。

多边形邮票除了五边形邮票之外,其中的六边形邮票也有相当的知名度并且发行得比较早。从1877—1903年,荷兰就发行了12枚六边形的电报邮票,为了标注那些欠资邮票还给这种邮票上打孔。

1888—1899年,比利时发行了7枚六边形的公事邮票,画面内容是利奥波德二世国王。

加拿大发行的"中国马年生肖"八边形邮票

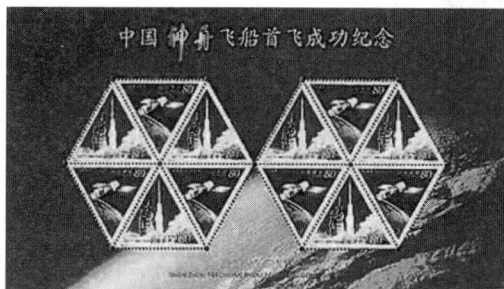

中国发行的六边形邮票

韩国发行的八边形邮票

1970年11月,为了纪念在首都加拉加斯举办的"第二届美洲邮展",委内瑞拉设计并发行了一套3枚的邮票和小型张,其中的小型张就采用了六边形这一特殊形状。

1999年,为了纪念在中国举办的世界邮展,皮特凯恩群岛发行一套合计4枚的六边形不干胶邮票,图案是"养蜂",此外该国还发行了1枚小型张,里面嵌着一枚六边形邮票,其边纸图案是兰花等。

随着邮票设计理念的推陈出新,最近几年,世界上发行的六边形邮票越来越多,中国澳门从2001年开始每年都陆续发行了"易经八卦"小版张,每一版中都有8枚六边形邮票。

汤加发行的珍珠圆形邮票

2003年7月,为了纪念环法自行车赛成立100周年,以浪漫著称的法国人发行了一套小版张,里面包含了2种各5枚邮票。在这套小版张中,邮票都是外正方形里六边形,画面是环法自行车赛的宣传海报和运动员们冲刺的场景,另外它的附票图案是历届冠军的写真,整体设计独出心裁,十分吸引人的眼球。

马来西亚发行的圆形邮票

2005年,为了纪念欧盟成立50周年,罗马尼亚发行了4枚一套以哥伦布航海探险为图案的邮票,其中2枚是外方内六边形的齿孔,与其同时发行的小全张上也包含了2枚可撕成六边形的邮票。

新加坡发行的圆形邮票

1847年,土耳其发行了一套不等边的八边形军事邮票,是世界上最早的八边形邮票也是最早的军事邮票,全套共计5枚图案都是阿拉伯文字和相关徽志。

2001年,加拿大于发行了枚主题为"中国马年生肖"的八边形邮票,另外还有1枚小全张,也是八边形。

香港发行的"大熊猫在香港"圆形小型张

法国发行的世界杯圆形邮票

中国发行的圆形邮票

7.圆形邮票

圆形是所有几何图形里中最具有灵气的一种图形,它体现在生活中的象征意义是完整、圆满以及和谐。目前,全世界有很多国家都发行过圆形邮票,数量非常庞大,在异形邮票中仅次于三角形和菱形位居榜单第三。

汤加是世界上热衷于发行异形邮票的国家,在20世纪60年代发行了以照相机镜头为设计构想的圆形邮票。1962年,汤加多次发行了圆形钱币邮票。在2001年,汤加又发行了4枚"珍珠"圆形邮票和1枚圆形小型张邮票,介绍了养殖珍珠的一些知识。

不丹为了纪念国王诞辰也在1966到1975年期间先后发行了3套圆形钱币邮票,1973年再次发行了一套7枚圆形的唱片邮票。

1971年,为了纪念吉隆坡国家银行大厦落成,马来西亚发行了有齿孔圆形邮票,全套共计2枚,图案都是银行大厦外景和新月。

1980—1983年,新加坡先后发行了3组以主题为"东盟海底电缆开通"的圆形邮票,每组4枚。

最近几年,世界各国越来越多地发行圆形邮票小型张。1980年11月,为了纪念南极考察,蒙古发行了1枚圆形的邮票小型张,通过栩栩如生的图案介绍了有关南极起源的假说。

法国发行的椭圆形邮票

1999年，为了纪念美国"阿波罗"飞船登月成功30周年，所罗门群岛发行了1枚圆形邮票小型张。同年，中国香港发行了1枚"大熊猫在香港"圆形邮票小型张。

圆形邮票还存在一个很有趣的主题分支，那就是和圆形存在着密切关联的世界第一运动——足球。正是因为二者有着相同的形状，所以便诞生了大量的和世界杯足球赛有关的邮票。

斯洛文尼亚发行的心形邮票

1998年，作为世界杯东道主的法国，发行了一套一枚的圆形邮票。不想在法国人出乎意料地夺得冠军之后，又在这套邮票加上了字然后再次发行，此外还发行了一套合计10枚的"叠色样张"。这一连串的惊喜，让法国的集邮爱好者兴奋异常，如获至宝。

在2002年韩日世界杯期间，很多国家借着足球热不失时机地发行了圆形邮票。东道主之一的韩国发行了一套3枚的圆形邮票；科特迪瓦发行2枚圆形邮票及1枚小型张；素有非洲雄鹰称号的足球强国喀麦隆发行了1枚圆形小型张；而首次进入世界杯决赛圈的中国也发行了一套

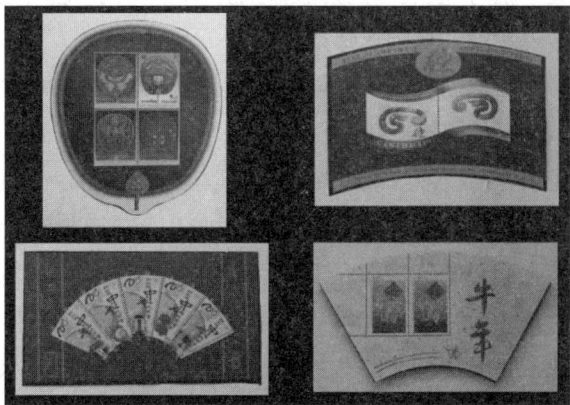

加拿大发行的扇形邮票

2枚的圆形邮票。2000年,德国发行了一套题为"德国足球百年"的圆形纪念邮票。

圆形邮票不仅存在着标准的圆形,其中有一些还存在着一些"变形体"。比如椭圆形、竖圆形和半圆形等。

在2000年,瑞士发行了一套4枚的奥运邮票,在圆形的上部采用了五环标志;就在同一年,汤加也发行了一套4枚的主题为"迎接新世纪"的圆形邮票,邮票的左上方是飞翔的和平鸽;2001年,皮特凯恩群岛发行了一枚"计算机"邮票,在圆形的光盘边缘有一些图案是凸起的,不过它属于不干胶模切的邮票。

1970年,塞拉利昂发行了1枚主题为"塞日友好航线通航"的横扁圆形邮票。同年,汤加发行了1枚主题为"南太平洋运动会"的横扁圆形邮票。1997年,为了纪念东盟成立30周年,新加坡发行了一套4枚的下半圆形邮票。在2001年,为纪念日本国际邮展,日本发行了有下半圆形的小全张,此后又相继发行了主题为"书信日"的小全张,其中就有竖半圆形、椭圆形以及上半圆形邮票。

1999年,为纪念世界橄榄球锦标赛,法国发行了一枚椭圆形邮票。到了2002年,汤加人紧随法国人的思路也发行了4枚与橄榄球赛有关的椭圆形邮票。1999年,加拿大为纪念中华人民共和国成立50周年,发行1枚小全张,其中就有1枚是横椭圆形邮票。从2001年开始,中国台湾陆续发行了主题为"12星座"的椭圆形邮票。

世界上有些国家早期发行的所谓圆形邮票和椭圆形邮票,其图案的形状并不是邮票本身的形状。所以按照最标准的划分方法,邮票的形状应该以无齿孔单枚冲压或者有齿孔可以分撕出来的外缘形状为准。所以,真正意义上的无齿孔圆形邮票应该是汤加在1963年发行的钱币形邮票,而纯正的有齿孔圆形邮票应该是马来西亚在1971年发行的内圆形和外矩形双层齿孔邮票。1970年,塞拉利昂发行了世界上第一枚无齿孔椭圆形邮票。1980年,蒙古率先发行了世界上第一枚单齿孔圆形邮票。1999年法国发行了第一套有齿孔的椭圆形邮票。

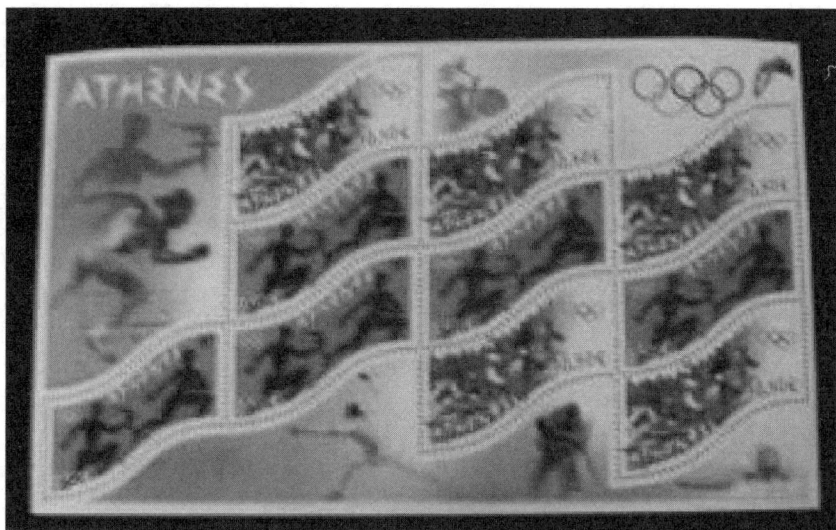

法国发行的以奥运会为主题的旗帜形邮票

8.其他形状邮票

世界上除了发行过三角形、菱形以及圆形这些比较标准的几何图形邮票之外,还有一些比较另类的异形邮票诞生,比如心形、扇形、曲拱形等。

1964年,热衷于发行异形邮票的汤加发行了一套8枚的心形邮票,是用铝箔复合纸在模具上冲压而成。1989年法国推出了世界上第一套纸质的有

各种动物、植物形邮票一览

齿孔的心形邮票,全套2枚,这两枚邮票的心形图案都稍稍向左靠一些,而心内的图案一个是象征着爱情的玫瑰,另一个是"我爱你"和星星。此外,韩国、科特迪瓦、斯洛文尼亚等国家也都发行过心形邮票。

2001年,中国香港在发行主题为"香港影星2"的邮票时,别出心裁地首创一种新颖的双齿孔形式:内圈是弧形的齿孔而外圈是矩形票的齿孔,形成了一种四边凹下去的腰鼓形,与电影院的大银幕非常相似,很是有趣。

扇形邮票也是一种比较另类的异形邮票。在2006年,新加坡就发行过一套扇面画邮票,具有着很强烈的艺术色彩。就在同一年,加拿大也发行了一套2枚的以奶酪为主题的扇面形不干胶邮票,此外还有一套2枚的以葡萄酒为主题的不等边八边形不干胶邮票。在发行这两套扇形邮票之前,1997年加拿大还曾经发行了一套"农历新年"牛年小型张。

2001年,加拿大发行了一套曲拱形的蛇年生肖邮票,由两条弧度相等的曲线和相邻两直边围成的几何图形,而在小型张上的邮票是方向相反的曲拱形。

在发行羊年生肖邮票时,加拿大将邮票的形状设计成旗帜形,是一种更加少见的异形邮票。2000年,为了纪念本国的百年历史回顾,墨西哥发行了10枚大型的旗帜形小型张,融入了政治、经济、科技、卫生、文化艺术等国家大事。在每枚小型张上都有4枚矩形邮票和1枚椭圆形邮票。值得一提的是小型张的边饰和每枚邮票上面都压印了盲文,方便了盲人的使用和收藏。总的来说,这是一套内容丰富、艺术气息浓郁的异形邮票。

为了庆祝独立40周年,太平洋岛上的萨摩亚王国于2002年发行了一套4枚的不干胶旗形邮票外加1枚小型张,邮票画面为萨摩亚的各种建筑、

美国发行的空军密码邮票

篮球运动员等,在每一枚邮票的边饰上印有元首及土著居民肖像。

法国为了纪念2004年在希腊举办的雅典奥运会,发行了2枚旗帜形邮票(小全张包含10枚邮票),邮票的图案为皮划艇、赛马、击剑等。此外还发行了1枚图案为从古瓶中飞出好几张邮票的小型张,展现了古代奥运传递圣火的场景。

英属直布罗陀于1969年发行了一套以齿孔围起来的直布罗陀大石山形邮票,形状比较特殊怪异,和塞拉利昂、汤加等国家发行的无齿孔自粘邮票很是相似。

第三章　奇葩邮票，别有特色

　　小小一张邮票,除了拥有艳丽多彩的图画之外,还可能藏着各种玄机,衍生出等价邮资之外的含义:或者书写着密码,或者能发出神奇的光,再或者散发出浓郁的香气……这些被赋予了特殊作用的邮票,便成为了方寸天地中的美丽奇葩!

　　邮票并非仅仅是邮资的承载体,有些还具有其他的特殊作用。比如,美国就曾经印制出一种特殊的邮票——"密码邮票"。顾名思义,这种邮票上面带有着密码,单凭这个名字就会让很多人感到困惑,因为我们只听说过密码箱、密码锁,还不曾想到会有密码邮票。事实上,这种邮票确实存在,它是用最现先进的防伪技术,将隐形文字或者隐形图案印在邮票上而制作出来的。密码邮票的隐形文字和图案是难以被复印和仿制的,是在水印、微印、暗记、磷光等防伪技术诞生之后的又一种高科技防伪技术。想要识别这些文字和图案,只能通过特别制作的解码镜才能对其进行破解。到目前为止,美国一共发行了六套密码邮票。

一、密码邮票

　　(一)1997年,为纪念空军部成立50周年,美国制作并发行了世界上第一套密码邮票,这也是迄今为止惟一使用微印和密码双重防伪技术的邮票。在使用解码镜对这套邮票进行观察的时候,就会发现上面有美国空军

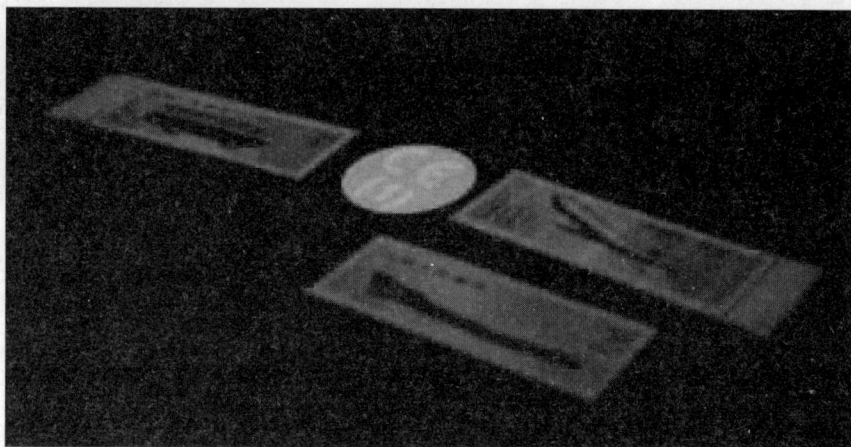

T49磷光邮票

的英文缩写——"USAF"。另外,如果拿起放大镜仔细查看的话,会发现邮票上绘制的飞机机身上印着美国空军的英文全称。可见,这是一套布满了机关的独特邮票。

(二)1997年,美国人继续发挥他们的独特想象力,印制并发行了一套5枚连印的"好莱坞鬼脸邮票"。这套邮票上面画着一张鬼脸,样子阴森可怖,然而当你用解码镜去仔细观察的时候,会发现邮票中间的1枚,在头像的两个耳边各有一只张着血盆大口嚎叫的狼,这两个隐形的野兽让原本就骇人的图案更加恐怖。此外,还有两张邮票上存在着可怕的隐藏物:一张在人像面部旁边有一个类似于面具的图像,另一张在人像面部两边各有一个站立的怪人。可以说,这种隐藏的效果让全套邮票充满了鬼魅之气。

（三）1998年，美国设计并发行了1枚名为"红狐狸"的邮票，通过解码镜的辨析，可以发现这枚图案中狐狸的后腿部竟然有一只站立的小红狐狸。

（四）1998年，美国发行了一套以"动物明亮的眼睛"为主题的五连邮票。在这套看似平淡无奇的邮票上，只要用解码镜进行辨析就可以发现从上到下第1枚猫的头部一侧是一只小老鼠而另一侧是一只猫爪印；第2枚鸟头下面有一只鸟笼子；第3枚熊头石的下面有一个车轮子；第4枚狗头的左耳旁边有一块骨头，右耳旁边则是一个狗舍；第5枚金鱼嘴里喷出了一连串的水泡，生动活泼，密码图案十分清晰。

（五）1998年，为了纪念威斯康星州成立150周年，美国再次发行了1枚密码邮票，图案为威斯康星州的秀美风光。如果借助解码镜进行观看的话，会发现在邮票的中部有一只本州的代表动物——飞快奔跑的獾。

（六）1998年，美国再次发行了一套以宇宙探索为主题的5枚邮票，借助解码镜能够在上面看到各种太空飞船，在这一年发行的航天飞机返回着陆的邮票上，凭着解码境的神奇作用还能够看到飞机背景上美国所有航天飞机的英文名字。

二、发光邮票

发光邮票，并不是说能够自动发光的邮票，而指在紫外线的照射之下

普22(甲)《祖国风光(磷)普通邮票》

荧光邮票上面显现出的磷光条杠

才能发出光亮的邮票。这种特殊的邮票功能并不是为了追求新奇或者是好玩好看，而是为了能够让自动盖戳机和邮件自动分拣机准确、快速地判断邮件是否加贴了邮票以及加贴在了什么位置上，同时也能够对邮票的面值进行正确的认定。有了这个功能之后，邮政部门就可以很轻松地判断分拣的邮票所属的类型。一般来说，发光邮票可以用雕刻、影雕套印或者影写版来制作图案，只不过和普通邮票相比最大的不同之处就是在印刷材料中加入一种能够发光的特殊物质，这种物质在可见光下毫无反应，但是在紫外线的照射下却能够发出光亮。因此，只要改变发光物质的成份就能制造出各种不同的颜色。

按照发光物质的不同，发光邮票可以分成荧光邮票和磷光邮票两种，其主要的区别是关掉紫外线照射之后磷光邮票的光亮会慢慢消失，而荧光邮票的光亮会马上消失不见。假设用发光纸进行印刷的话，那么这一整枚的邮票都能够发出光亮。

部分聊斋志异邮票赏析

在发光邮票出现之前，各个国家的邮政部门基本上都是人工分拣信件，耗费了大量的人力物力而且效率低下，随着邮政科技的进步，世界上的某些国家出现了信函自动分拣机，取代了人力分拣信件这种古老的操作

"中国共产党成立建党八十周年"纪念邮票

模式。与此同时，为了适应这种新机器的出现，各个国家的邮政部门也配合自动分拣机的技术需要而研制了发光邮票。

英国是世界上对发光邮票有着超前认知和积极实践的国家，从1957年开始，它的邮政部门就使用电子自动分拣机对收取的信函进行分拣，采用的试验性邮票在背面印上了石墨条杠，在其所用的试验性邮票的背面印上了石墨条杠，到了1958年，英国邮政部门发行了印有透明磷光带的邮票，除了一磅以上的高额邮票以外，目前英国的普通邮票全部都有磷光条杠，其中第一类邮件采用了两条磷光条杠，而第二类邮件采用了一条磷光条杠。至此，磷光邮票便堂而皇之地进入了流通领域并逐渐被人们接受。到了1959年，世界上第一枚发光邮票终于在英国诞生。

当时英国人研制的这种发光邮票，分为磷光邮票与荧光邮票，它们在紫外线灯的照射下能显露出像红绿蓝之类的特殊颜色或者是鲜艳夺目的色彩。当贴有磷光邮票或荧光邮票的信件进入自动信函分拣机时，分拣机就会根据邮票上发出的磷光或荧光涤杠数目，识别出寄经本埠、外埠和国外的信函，并自动盖上邮戳。此后，随着科学技术的迅猛发展，这种能够给邮政部门带来极大工作效率的邮票开始被越来越多的国家和地区接受，掀起了一个

荧光邮票

外国荧光邮票

发光邮票的大批量诞生时代。

目前，世界上有不少国家都发行过荧光邮票或者磷光邮票，法国、美国、比利时以及瑞士等国以发行磷光邮票为主，而加拿大、瑞典以及原德意

发光邮票的独特变色表现

志联邦共和国等国以发行荧光邮票为主。1980年，中国发行了一套共计4枚的以"邮政运输"为主题的磷光邮票，分别印有形态各异的磷光条杠：有的是1条磷光条杠，也有的是2条磷光条杠，还有的是4条磷光条杠和5条磷光条杠。

在邮政行业中采

用发光邮票,可以看做是邮政业务自动化的一个重要条件,同时也是人类社会科学技术发展的晴雨表。到目前为止,中国已经先后发行了两套为了方便进行信件自动化分拣和机械化的磷光邮票。随着改革开放之后新中国科学技术的迅猛发展,为了和邮政业务

T110"白鹤"荧光邮票

的发展相契合,1980年3月20日,邮电部门发行了中国第一套磷光邮票。——T49"邮政运输"。

这套影写版印刷的T49"邮政运输"一共4枚,面值从2分到10分不等,图案分别为轮船、汽车、火车、飞机,是用同一波长的磷光粉印刷了磷光条杠。这四枚邮票的作用都不相同:2分票印上了一条磷光条杠,为配合其他邮票使用的;4分票印上了2条磷光条杠,为本市信件使用;8分票印上了4条磷光条杠,为外埠信件使用;10分票印上了5条磷光条杠,为航空信件使用。如果将2分票和8分票贴在一起的话,也可以作为航空信件使用。

到了1982年9月,中国的邮政部门又发行了一套普22(甲)"祖国风光

(磷)"普通邮票,全套一共3枚,面值分别为4分、8分、10分,画面内容分别是海南风光、万里长城和东北林海。这套邮票采用了影写版加磷光条杠印刷而成,和T49基本上属于同一类型。它们在日光或一般灯光下,基本上只能看到邮票上有疑似白色胶水印迹似的条杠,不是很清晰,然而在紫光灯的照射下却很清楚。

事实上,发光邮票不仅能够用于邮件自动分拣机,同时也具有了很强的防伪性,由此成为了集邮爱好者十分看重的一个特色。在最近几年,由中国集邮总公司新开发的PJZ(加字张)系列邮品,在加字的时候加印了发光物质,使其成为了集邮爱好者鉴伪的关键性标志之一。另外,邮电部印制并发行的"箭楼"普资封在图案的正中位置也添加了发光物质,深受集邮爱好者的青睐。

2001年,中国发行了一套由发光油墨、荧光版号以及荧光纤维丝邮票纸组成的纪特邮票,拥有强大的防伪功能。从1999年开始,这种荧光版号的邮票就作为监督邮政内部违规出售新邮票的重要依据。到了2001年的时候,在邮政部门一共发行的30套邮票中大部分都有荧光编号,然而每一版却只有一枚到两枚含有荧光版号,但是因为全年之中邮票印量本身就不多导致具有荧光版号的邮票少之又少。比如"聊斋志异"这套邮票发行量虽然有1700万枚,但是含有荧光编号的只有85万枚。另外,"中国共产党成立八十周年"一共发行了2580万枚,然而其中带有荧光版号的邮票仅仅有64.5万枚。

除此之外,在2001年还发行了四套新邮荧光编号的邮票,其中有"黄果树"、"野生动物(二)"、"申奥成功"、"端午节"四套邮票。"端午节"一共发行了1700万枚,合计有42.5万版,每版40枚,其中在横跨第17枚与第22枚这两张邮票上喷有荧光版号。因此对于集邮者来说,收集这种邮票十分困难,因为只有至少要收集到双连或者四方连的邮票才能获得一套带有荧光版的。另外,这种荧光版邮票的消耗量也是非常巨大的,这也增加了集邮爱好者收集的难度。主要原因有三点,一个是集邮总公司在制作首日封时的正常消耗,一个是某些零散预订户在取票时撕开分散到年册中收藏或者是直接用掉,再就是各地制作集邮品时的消耗。

综上所述,荧光版号的邮票在市场流通中还是很少见的,所以收集起来也是很困难的。而作为可以单独用"荧光版号"邮票组成的年册,更是在少数,所以就成了集邮爱好者竞相追逐的稀有之物。

目前,荧光邮票和磷光邮票是世界各国广泛采用的两种发光邮票,由于其原料配方的不同,导致有些邮票颜色发黄,有些颜色呈现出黄绿,还有些颜色显现出蓝紫色。就中国发行的磷光邮票来说,在紫光灯下呈现的颜色为蓝绿色。

一般来说,磷光邮票的制作方法主要有四种:第一种是在纸张加工时加入发光物质,让邮票图案和正面可以适应电子分拣的需求;第二种是在纸张正面涂上一层发光物质,1986年5月22日中国发行的T110"白鹤"就是采用的此类技术的例子。在这套邮票进入市场之后,一些集邮爱好者发现白鹤的眼睛在紫光灯的照射下能够显现出荧光反应,所以便有不少人误以为这套邮票是用磷光油墨印制的。然而事实并非如此,"白鹤"邮票采用了荧光纸印刷技术而不是磷光,只不过因为白鹤的眼部油墨比较浅淡所以没能将荧光覆盖而已;第三种是在邮票印刷后,在其图案部分加上一层发光物质(多为磷光条杠)或者是加印文字;比如中国发行的T49"邮政运输"、普22(甲)"祖国风光"这两套发光邮票以及最近几年邮政部门发行的邮局全张中带版号编码的邮票都属于此种类型;第四种是在邮票印刷后对其表面加上一层发光物质,比如2001年11月11日发行的"中华人民共和国第九届运动会"邮票就是典型的例子。

尽管发光邮票的初衷是为了适应自动分拣信件的技术需要,但是随着科学技术的逐渐进步,很多国家已经不再满足于仅仅利用发光油墨去用于机器分拣这个主流的目的,而是在此基础之上增加了对防伪功能的追求。

三、香味邮票

随着人类科学技术的不断进步,人们对于香味的研究也日益提升到一个新的水平上。根据科学家们的研究发现,证明在鲜花的香味中藏着一种名为芳香油的物质,这种物质能够经过人体的嗅觉神经最终到达大脑皮层,由此便产生了一种沁人心脾的愉悦之感。此外,科学家们还证明,当人们长久地置身于花丛中的时候,就能提升自身的新陈代谢水平从而提升免疫力,同时还能够调节情绪,让人产生一种心旷神怡的感觉。只是让人感到惋惜的是,每一种花开发的时期都是非常短暂的,无论它们多么美丽芳香最终都会凋零衰败。

　　为了弥补人类对香气的迷恋和遗憾,科学家们经过不断的尝试和摸索,终于想出了一个最好的解决办法,那就是将香气附着在邮票上面,于是就产生了特别的香味邮票。所谓的香味邮票,即是在邮票上面带有了花的香气,让邮票的持有者在欣赏邮票的时候不但能够收获视觉上的美感同时还能获得沁人心脾的感官享受,是一种很时尚的科技体验。

　　一般来说,香味邮票通常有两种印制方法,一种是在邮票的背胶处添加香味添加剂,另一种是在制造邮票纸张的时候把香味材料放在纸浆中,还有一种方法是将香味材料添加进印制邮票的油墨之中。

韩国发行的兰花香味邮票

世界上第一套香味邮票诞生在1955年，是德意志联邦共和国发行的主题为"诗人斯齐弗柴尔诞生150周年"的纪念邮票。这套邮票的背胶是带有香味的，因此让整套邮票产生一种淡淡的薄荷香气。受到德国人的启发之后，古巴、新加坡、韩国以及不丹等国家相继设计并发行了充满了浓郁鲜花香味的花卉邮票。

2002年11月，中国邮政也不失时机地发行一枚可以散发出花香的邮票——"百合花"个性化专用邮票。邮政部门在印制这枚邮票时，运用了比较先进口特殊香味油墨，它的香气可以维持20年的时间，非常惊人。

在香味邮票这个家族之中，不仅存在带有鲜花香味的邮票，还有一些带有别的味道的香味邮票。比如，俄罗斯在2003年8月发行了一套5枚的主题为"自然的礼物"的圆形邮票，画面内容分别是野生草莓、菠萝、瓜、梨、苹果等。顾名思义，这套邮票可以散发出水果的香味而不是鲜花的香味，与它的主题甚为契合。

俄罗斯的自然的礼物香味邮票

2001年6月，中国香港发行了一

套4枚的主题为"香港茗艺"邮票,其中介绍了香港特有的茶文化,包罗万象,其中有著名的"功夫茶"、一直被外人称道的"港式奶茶"等。当你展开这套充满着浓郁香港风情的邮票时,就能嗅到一股浓烈的茉莉花茶香味,让人流连忘返,回味无穷。

为纪念诺贝尔奖设立100周年,2001年的10月,英国发行了一套6枚的相关纪念邮票,内容囊括了诺贝尔奖中的6个奖项。在其中一枚题为"医学奖"的邮票上,上面散布了成千上万的小胶囊,当你用手摩擦它们的时候,就会让邮票散发出一股特有的标树叶香气。

为了宣传预防森林火灾,在1999年的8月巴西发行了一套4枚的邮票。这套邮票以四方连作为排列形式,图案中包含各种树木和农作物,中间是巴西的地形图和一个燃烧的火球。不要小看这个简单的图案设计,其中里面大有玄机:它能够发出烧焦树木的糊味,就好像真的有什么东西被烧着了似的。因此,当人们手持这套邮票的时候,自然而然地就能联想起宣传防火。值得一提的是,这套散发着并非"香味"的邮票,同时还有着世界上第一套用再生纸印制的邮票的身份,也就说它在向外界宣传防火的同时还有着重要的环保意义。

邮票上的香味大部分仅能保持几年,收集这种邮票时,最好及时装入护邮袋,密封保管,这样就能相对延长香味的存留时间。

1973年,素来在邮票创新方面善于大胆突破的不丹,也不甘人后地发行了主题为"玫瑰花"的一套6枚的香味邮票,全部都带有浓烈逼真的玫瑰花香味。

1998年,新加坡发行一套8枚主题为"花卉"的香味邮票,此外,还发行了1枚小全张。在这套散发着沁人香气的邮票中,细致地描绘了新加坡金凤花、美人蕉、黄蝉花以及古巴葱莲等常见花卉,深受集邮爱好者的青睐。

韩国在设计和制作香味邮票这一领域,称得上是一个高产的国家。在2000年,它发行了一套合计12枚的主题为"保护濒危物种花卉"(第一组)的香味邮票,图案内容为百合、芙蓉、木棉等花卉,散发出紫罗兰的特有香味。到了2001年,韩国再次发行了主题为"保护濒危物种花卉"(第二组)的邮票，同样也是12枚，图案内容为岩梅、鲜黄连、鲜黄杜鹃等，散发出杏花的香味。2000年的4月20日为韩国的"助残日"，所以当天邮政部门不失时机地发行了一枚主题为"分享你的爱"的心形香味邮票——这是韩国第一枚心形邮票，图案是一只掌心是笑脸的打着手语的大手，它的手指捏着一朵散发出真正的玫瑰香气的玫瑰花。这一枚邮票不管是从票形的设计来看还是从邮票本身存在的香气来看，都强烈地表达出一种对残疾人的深情关爱。到了2001年，热衷于香味邮票的韩国再次发行了一套主题为"兰花"的一套4枚的香味邮票，图案是4种兰花，自然带有兰花的淡淡清香。2000年的11月，韩国再次发行了主题为"兰花"的（第二组）香味邮票。到了2001年，为纪念即将在该国举办的世界邮展，韩国再次发行了一套2枚的"玫瑰花"邮票，并且为其中的两幅图案取名为"粉色贵妇"和"红色女王"——都散发出浓郁的玫瑰花香。

2001年6月,太平洋上的诺福克岛发行了一套合计5枚的"香水"邮票,以美丽细腻的画面介绍了这个岛上的香水原料和销售、价格等情况,同时发行了1枚小型张,画面表现一位妙龄少女正在享受香水的熏陶。邮票和小型张都散发着香水味。

为了纪念情人节,2003年,斯洛文尼亚发行了1枚主题为"问候"邮票,画面内容是是在一个心形的红色气球上坐着一对手举玫瑰花的男孩和女孩。当你用手轻轻摩擦这枚邮票的时候,就可以闻到从上面散发出来的玫瑰花香。

一直以来,瑞士的巧克力以手工精致、味道来甜而不腻、吃完引人回味无穷而被当作世界上著名的巧克力极品。在2001年的时候,为了纪念本国巧克力诞生100周年,瑞士特别发行了1枚只要用手触摸就可以散发出巧克力味道的香味邮票,也是世界上第一套巧克力香味邮票,面值为90生丁,共计1枚。

瑞士的巧克力香味邮票

这枚巧克力邮票可谓匠心独具,制作得非常精美。整套邮票的印刷不仅具有强烈的层次感,同时其刷色也和真的巧克力没什么两样,只有在认真观察之后才会明白它是巧克力图案的邮票。此外,整套邮票采用了无边饰的图案,形状上与巧克力非常接近,上面刻有"HELVETIA 90"和"CHOCO SUISS ·1901—2001"的字样。它的吸引力还在于采用了全张的形式,让15枚邮票横五竖三,四周边

法国发行的巧克力香味邮

纸图是皱褶状的银色包装纸，让它像真正的巧克力那样刚从裹着的铝箔里被人拿出来。如果不伸手触摸的话，这套邮票仅仅从外观上来看和真的巧克力没什么区别。更特别的是，在这套邮票的印油中特地加入了带有具瑞士巧克力经典风范的微胶囊薄涂层，所以只要在票面稍稍用力摩擦的话，便可以马上闻到巧克力的诱人香味。

这套邮票更加具有吸引力的还是它采用了香料油墨的印刷工艺，而这种所谓的香料油墨印刷技术，就是将封装有香料的微粒胶囊掺入到透明的树脂油墨里，然后用这种油墨覆印出一层透明的涂膜，加在原来印好的邮票上。当人们通过高倍放大镜对它进行观察的时候，就能够看到在邮票的表面有无色透明的涂层，这就是人们用手指捻擦邮票能发出香味的原因：那些由高分子材料做出来的微粒胶囊被破坏殆尽，接着那装在里面的油性香料便能轻松地释放出来散发出诱人的香味。假设没有人去触碰它的话，那么胶囊内的香料便会随着时间的积累而缓慢地渗出来，最终长时间地地弥漫出一股香味。

瑞士发行的这套"巧克力"邮票，是在四色影写版印刷的基础上掺入了带香料的透明树脂而制作出来的，它的制造者是鼎鼎大名的赫里奥•库弗杰公司。这家公司在1880年正式成立，从它1931年第一次印刷影写版邮票以来，现如今已经有了80多年的辉煌历史，它一直以高质量的影写版邮票而在行内著称于世，据说曾经有70多个国家和地区的邮政部门让它负责印刷邮票。然而遗憾的是，这套引发世人关注的巧克力香味邮票却是这家公司最后一次接单——在那之后它就被英国的沃尔索公司收购了。根据一些消息灵通人士透露，现在沃尔索公司已经将其当作在瑞士的一个工厂，它原有的"赫里奥•库弗杰"的名字将继续承担起接受委托印制邮票的生产任务。

瑞士并不是唯一发行巧克力邮票的国家，法国也发行了一套更具特色的巧克力香味邮票，这套邮票一共10枚（2×5），是一套做工精美细致的小全张。其中的10个票图简直就是10枚栩栩如生的表面敷以图案的巧克力，看上去十分诱人。此外，这套小全张的边纸设计别出心裁，它几乎是带着一种独特的残缺美,展现出了被撕开之后的包装锡纸,将10枚巧克力惟妙惟肖地映衬出来。当然,这种有些粗犷风格的边饰不太符合法国人的性格,也不像瑞士巧克力邮票那种特有的精致细腻,但是也别有一番风味。

这套邮票的设计初衷,是为了纪念巧克力从西班牙引入到法国的400周年。法国人因为特别钟情于巧克力,因此经常留意有关可可种植和巧克力制作的信息。事实上,巧克力这种神奇的食物最早只是在西班牙流行,只有当其他欧洲国家的人发现了它的魅力所在之后才慢慢传遍了整个欧洲。

仔细鉴赏这套巧克力邮票,会发现其中承载着不少隐含的信息,这些都是很容易让人成功解读出来的。比如在小全张右上角的"可可树叶和可可豆"可以视作为对巧克力制作原料的突出。而下排右一到右三的意思可以理解为是现代社会流行的便于携带的块状固体巧克力以及饮料巧克力的烹制和享用时辅助的甜点,此外还很俏皮地加上了人们在吃巧克力时候的表情。

澳大利亚香味邮票

至于其它几个画面的解读,应该是和两位法国国王和两位西班牙的王后和公主有关,甚至也包括了一些与宫廷建筑有关的信息。当然,其中的一些具体描绘的内容也能看出所代表的含义,比如太阳王代表了路易十四等。

当你去澳大利亚旅行的时候,如果把树袋熊也就是考拉的味道随着明信片寄给好友的时候会是一种什么样的感觉?在过去这可能是一种幻想,然而现在你却能够实现这个颇有创意的想法。目前,以考拉为骄傲的澳大利亚就推出了这种闻起来带有桉树(树袋熊栖息的树种)味道的香水邮票,十分引人眼球。

现如今,香味邮票的印制水平已经很高了,和早期那种简单地把香水喷洒在邮票上的制作工艺相比,如今的香味邮票在技术上已经有了明显的突破,因为人们已经逐渐意识到香水喷在邮票上没过多久就会自然挥发最终变成一张无味邮票。所以,澳大利亚此次推出的香味邮票采用了香味清漆印刷工艺。这种技术的精妙之处在于,将包含着桉树油的微型胶囊覆盖在邮票上,只要人们不用力揉搓邮票,里面的胶囊气泡就不会爆掉,因此就会一直保存住桉树精油的香味,让味道长年累月地保存。从这个制作水平来看,这

联邦德国发行的薄荷味道邮票

法国 2011集邮周草莓香味双面邮票

泰国 10年情人节玫瑰花香味油墨印小全张

套香味邮票超越了以往的香水邮票,称得上是一种"香精邮票"。

1955年10月,为了纪念奥地利小说家Adalbert Stifter诞生150周年,当时的联邦德国发行了一套带有薄荷味道的香味邮票。

小贴士:

香味邮票带给集邮爱好者的体验是非同寻常的,它不但能给予人们在艺术上的直观享受,还能让人们获得感官上的愉悦,甚至可以将其看成是非常有趣的一种艺术作品。然而需要大家注意的是,就算是制作水平再高的香味邮票,其香味也只能保持几年的时间,不可能永久保存。所以,在收集这种邮票的时候,最妥善的管理办法就是及时将邮票放进护邮袋进行密封保管,这样就避免香味邮票因为挥发香气而最终失去这一宝贵的特征。

四、透明邮票

2008年11月6日,芬兰设计并发行了一枚名为《Frosty Night》(意为寒

芬兰发行的世界上第一枚透明邮票

冷之夜）的无面值邮票。这套邮票的画面是雪花结晶体以及星光和北极光。邮票的材质比较特殊，是由 PET 树脂制作而成的，属于聚酯类有机化合物，也就是民间所称的

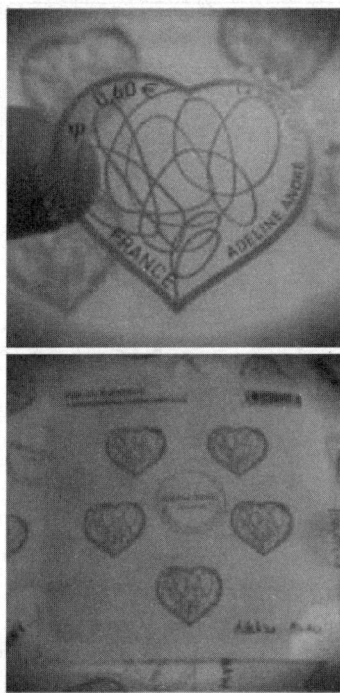

PATCH D'AMOUR
À APPLIQUER POUR TOMBER AMOUREUX

法国的情人节半透明邮票

涤纶树脂，因此这套邮票属于不干胶票类型的邮票，其最大的特点是就是透明——你能够通过这枚邮票看到背后夹着它的镊子。

这套透明邮票的设计师名叫妮娜·雷塔拉（Nina Rintala），她所创造的这一作品在2009年公众投票选举的"2008年最美芬兰邮票"活动中以9710张得票荣获第一名，十分引人注目。

为了纪念第2届阿拉伯国家邮展活动，阿联酋在2009年3月7日发行了一套透明邮票邮票，成为了目前世界上发行的第二枚透明邮票。

这套邮票主题中表述的"阿拉伯国家邮展"，是一个由阿拉伯语国家广泛参加的集邮展览活动，亚洲集邮联会刊对其进行过相关报道。邮票中所涉及的"阿拉伯国家"并非带有任何政治色彩，只是从语言范畴的角度来划分的，和我们通常听到的"穆斯林国家"和"中东地区"并不是相同的概念。

在这套不干胶邮票的制作中,选用了有机塑料的材质,是一种比较柔软的乙烯树脂。在这枚邮票的图案中间,是并不透明的邮展徽志图案,其采用了金箔压凸工艺。从整体来看,这枚邮票具有十分立体和华美的感觉,给人以深刻的印象。然而,这一套邮票虽然是阿联酋发行的,但是其印刷是由法国的卡特安全印刷厂完成的。

2012年,浪漫的法国人在情人节发行了一套名为"透明的爱情"的半透明邮票,是法国邮政部门又一次带给世界集邮爱好者的惊喜。这套邮票美丽典雅,不仅可以作为邮票邮寄信件,也可以贴在自己喜欢的任何背景上面,是恋人之间非常值得收藏的特殊礼物。

五、间谍邮票

间谍邮票,顾名思义,它绝非是一种单纯的邮资凭证,而是通过邮票中暗藏的玄机来传递对方的情报。在第一次世界大战期间,这种另类的特工手段就被广泛运用于间谍活动之中。到了1915年,英国精心仿制了的德国10芬尼邮票和15芬尼邮票。当然,这种仿制品绝不是简单的抄袭,英国人让印制邮票的纸张经过药物处理之后,用特制的墨水在它的背面写了用肉眼无法辨识的信函。这些信函只有在特殊处理之后才能显现出真正的内容。英国人如此处心积虑地制作这种"间谍邮票",目的就是发给在德国境内活动的本国间谍,他们将获得的情报书写在邮票的背面,然后贴在不张扬的信封或者明信片上寄到中立国然后再转到英国,是一种比较隐蔽的传递信息的方法。有意思的是,英国人的这一狡猾手段直到第一次世界大战结束后的若干年才被发现。

当然,间谍邮票绝非是英国人的专利,它也被其他国家所用。在一战期间,英国的情报机关曾经截获了一封十分诡异的信件,它的诡异之处就在于信里只有一张贴有两枚邮票的白纸,而这两枚邮票一枚是面值为2.5便士的英国邮票,另外一枚是面值为1角的法国邮票。一位经验丰富的反间谍人员负责破译这封怪信，他用一张和信纸一模一样大小的透明欧洲地图覆盖在白纸上时，才发现原来贴邮票的地方正好是军队要前往的地方，它所表明的详细信息就是有2.5万英军和1万法军即将开往前线。

奥地利和南斯拉夫因为领土争端而爆发了战争。当时，在南斯拉夫军队的参谋部里，一位军官进行实地视察的时候，在他停留的每个战区都要写信，然后以交换邮票为理由寄给指定在维也纳的邮票交换人。后来得知，这位神秘的邮票交换人曾经也是一位奥地利的高级将领，而这些邮票的图案主题就是那位军官在察看战地时发现的军事情报。比如其中一枚南非邮票的图案是一辆军用马车，那么它的意思就是暗示这是敌人的辎重车队，在信封的邮戳处则表明了它的地点。还有一枚邮票的图案是一枚国徽和一匹马，它所暗示是敌人的骑兵部队的集结处，另外一枚图案为哥伦布和考察队抵达新大陆的邮票，则暗示了南斯拉夫军队参谋部的所在地。不过从严格意义上讲，这种间谍邮票本身没有什么特别之处，而是通过邮票自带的画面信息传递情报，和那种加入了科技元素的间谍邮票不同。

同样，在一战期间，潜伏在柏林的沙皇俄国间谍，每天都要将一张当天发行的地方报纸邮寄到国内的情报机关。有趣的是，这名间谍使用的邮票齿孔与普通邮票的齿孔大小并不相同。然而玄机正是这里——这些不规则的邮票齿孔就是传递情报的密码。同一时期，安插在英国的一位荷兰间谍，每天都会从英国港口将一套邮票邮寄回荷兰，而他的方法有些特别，是利用邮票的不同数目和不同种类向国内报告当地港口军舰的数字。比如，哥伦比亚的邮票代表辅助舰，而蒙特利尔的邮票代表战舰……邮票的枚数意味着军舰的数目。

六、盲文邮票

在邮票上面印盲文，也是人类的一项创举。不过，这些邮票可不能望文生义地理解为就是给盲人使用的邮票，它的主要含义还是起到一定装饰的

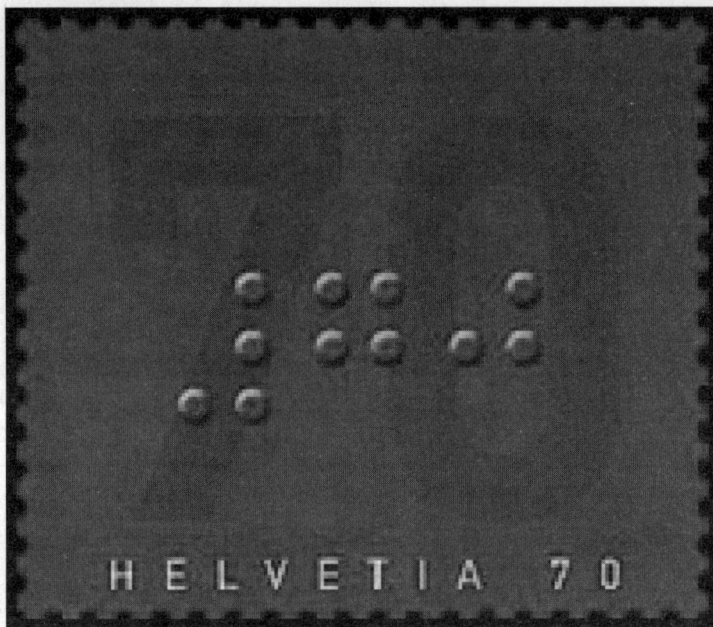

瑞士发行的盲文邮票

作用。瑞士的邮政部门曾经为了纪念全国助盲协会成立100周年,特地设计并发行了世界上第一枚具有实际意义的盲文邮票。

　　如图所示,瑞士发行的这枚邮票,面值为70瑞士法郎,它的邮票底色呈现出深红色。邮票的中心部分用布莱叶盲文印刷了面值为"70"的字样,可以很方便地让盲人进行辨识。同时,这枚邮票的下方印有白色的"瑞士70"的字样。然而这些设计显然没有兼顾到视力正常的人,他们在审视这枚邮票的时候大多会认为比较难看,甚至怎么看都不像是一枚邮票,然而对那些只能通过触觉来感知事物的盲人来说,这是一枚十分贴心的邮票,他们能够迅速地认出邮票的面值为70瑞士法郎。

　　为了显示出对盲人事业的大力支持,瑞士在相关助盲组织的帮助下,每逢在发布新邮消息的时候就会大量刊载有关盲人生活的图片、盲文与正常文字的对照表,甚至还有盲文的使用方法。凡是对这些东西有兴趣的人,都能够通过打电话或者写电子邮件的方式免费得到一张盲文和字母的对照表,十分具有现实意义。

最近几年,瑞士的邮政部门又大量使用了先进技术以此来提高邮票的质量和趣味性,比如盲文版的香味邮票、刺绣邮票以及全息邮票等等,这些都算是在盲文邮票领域的创新和突破吧。

1984年,在沙特阿拉伯首都利雅德举办的世界盲人联盟成立大会上,将每年的10月15日确定为"国际盲人节",终于让盲人在国际上拥有了一个统一的组织以及属于自己的节日。之前,盲人节也存在但是没有固定的日子,一些欧洲国家的盲人通常都是在秋天举行式多样的文艺活动,将其称为"白手杖节"。

世界盲人联盟(WORLD BLIND UNION)是一个具有国际性的非政府间组织,它在1984年正式成立,总部设在巴黎。其前身是世界盲人福利会和国际盲人联合会,到目前为止一共有72个会员国。这个联盟的宗旨是让全世界的盲人拥有平等的人权和机会去广泛地参与社会生活,中国的盲人聋哑人协会也是这一组织的创始组织之一。

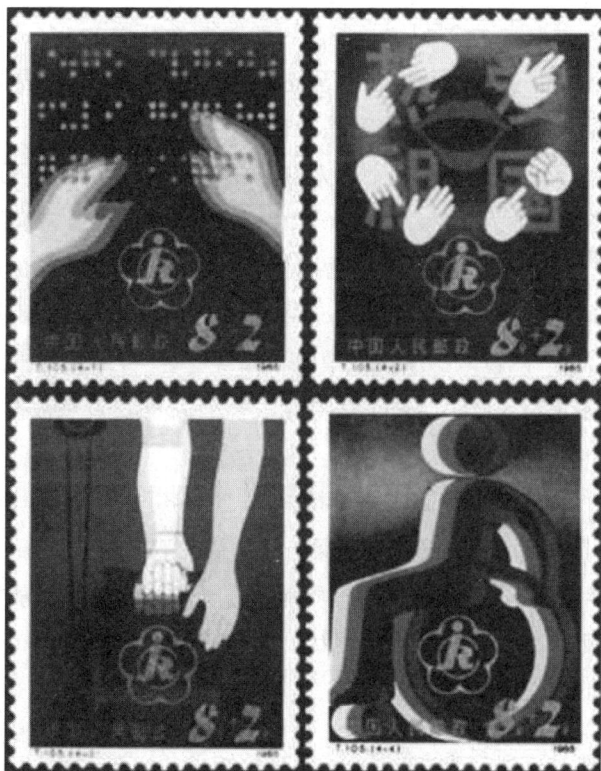

中国为纪念盲人节发行的
邮票——"中国残疾人"附捐邮票

　　中国在1981年的11月10日,正式发行了一枚主题为"国际残废人年"的纪念邮票,这是中国第一次发行与残疾人事业有关的邮票。在当时,很多人的意识形态还停留在旧有的观念基础上,所以对残疾人事业不甚了知。所以才把联合国大会所倡导的"1981年全球性支持残疾人和声援残疾人活动"翻译成"国际残疾人年",接下来又在邮票上正式采用了这个中文译名。

　　这套纪念邮票的图案以绿色地球作为背景,着重描绘了"国际残疾人年"的徽志图样。它的徽志中间是手拉手的两个人,意思是让健康人和残疾人互敬互爱。图样中两侧环绕橄榄枝则象征着残疾人在和平环境中想要获得一种幸福生活的美好愿望。在徽志的下方,有三只不同肤色的代表着友谊与爱心的手,传递了全世界各国人民对残疾人的关爱和真挚情感。

　　1985年3月15日,中国再次发行了主题为"中国残疾人"的附捐邮票,全套合计4枚,在每一枚邮票的下面都统一印有中国残联的梅花形会徽。这个会徽的中心设计,其实是"残疾人"的汉语拼音字头——C、J、R,它们三个构成了一个坐在轮椅上的人,在外围则环绕了5个相互连接的"人"字,表达了全国人民和残疾人团结一致共同为振兴中华努力奋斗的意义。在第1枚为"盲文"的邮票上,用画面描述了一位正在摸读盲文的两只手和内容为"中国残疾人福利基金会成立一周年"的点状盲文。这枚邮票清晰地传达了一个意思:一双盲人的手正在摸索和释读着盲文,那些被摸过的盲文是金色亮点,表示盲人已经明白了其中的意思,而那些还没有被摸到的盲文是浅紫色。其中,盲文所代表的含义是"热爱祖国"。

　　随着人类文明的不断进步,世界各国对节约能源的认识逐步提高。所谓节约能源,意思就是尽人类的最大可能减少能源的消耗并提高能源的使用效率。根据1979年世界能源委员会提出的节约能源定义是:采取技术上可行、经济上合理、环境和社会可接受的一切措施,来提高能源资源的利用效率。

　　1980年,中国台湾在发行了一套主题为"节约能源"的邮票,邮票的画面是水龙头和灯泡的一个有趣的合成图。这套邮票一共包括两枚,总共发行了约500万枚。当时,在随套发行的集邮册上还特别加上了具有针对性的介绍

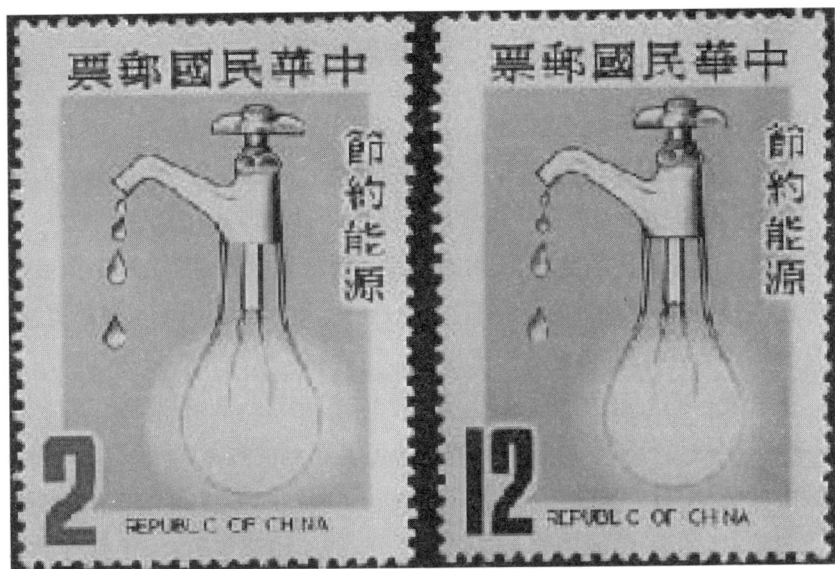

中国台湾发行的《节约能源》邮票

内容："因为生活水准大幅提高，能源使用量急剧增加，导致油价节节上升。为了应对能源日渐短缺，所以当局呼吁全民一起响应节约能源。"

美国的田纳西州在1982年发行了一套名为《Knoxville世界博览会》纪念邮票，此套邮票一共有4枚，主题包含了太阳能、合成燃料、核能增殖反应器、燃料化石四个部分。当年的Knoxville世界博览会正是以"用能源转动世界"作为主题，一共有22个国家和超过50家大型跨国企业参加了这次展览。

2005年的8月17日，印尼的邮政部门发行了一套合计三枚的节约能源邮票，这套邮票的票面分别是公车、插座及汽车，其背后的含义是"多坐公交车"、"把插座上没有使用的电器插头拔掉"以及"实施汽车共乘"。这套邮票的票面上都印上了"hemat energi"的字样，翻译成中文就是"节约能源"。但是具有讽刺意味的是，在这套邮票发行的第二天，印尼就发生了有3000万人参加的"大停电"事件，影响甚大。当然，从这个角度来看，印尼人发行这套邮票的目的意义也就十分明确了——希望民众要节约用油和用电。

七、附捐邮票

附捐邮票,指的是在邮票原有面值的基础上特别增设一小部分的捐款费,其作用是为社会公共福利事业筹集资金,所以这种邮票也被称为慈善邮票或者福利邮票。通常来说,附捐邮票上用来表示邮资面值和附捐金额的方法为:邮资面值加上附捐金额。一般而言,附捐金额不能当做邮资,所以这种邮票又被称为"半邮政邮票"。

中国发行的最早的附捐邮票,是1920年的北京一版帆船加盖"附收赈捐"邮票,当时发行这套邮票的目的是将所募捐到的钱款用于赈济黄河决口区的难民。在新中国成立以后又多次发行了附捐邮票。1984年2月16日发行了主题为"儿童"的附捐邮票,邮资为8分,到了1985年的3月15日再次发行了主题为"中国残疾人"的附捐邮票,邮资为2分。这两套邮票的捐资都由邮电部门统一拨给了儿童福利和残疾人福利基金会。

世界上第一枚附捐邮票,是英国曾经在大洋洲的一个名为新南威尔士(今属澳大利亚)的殖民地于1897年6月发行的,售价为1先令,面值为1便士,其多余超出的部分就是附捐的资费。在第一次世界大战之后,很多国家都开始发行附捐邮

中国发行的"儿童"附捐邮票

票，其目的也都是为了赈济灾民以及为伤兵而募集的各项基金。随着时间的推移，这些附捐邮票渐渐发展为社会公共福利事业筹集资金。当然，也有一些少数国家认为附捐邮票的售价中包括了捐款的金额，所以将其称为半邮政邮票。很多国家为了将发行的附捐邮票分门别类，还形成了专题性的系列，比如新西兰的健康邮票、芬兰的防痨邮票以及瑞士与荷兰的儿童福利邮票等。

　　不少国家都有发行附捐邮票的传统，就目前来说，西欧的很多国家每年都要发行不少这一类的邮票，而且其中有些国家每年春秋都要发行一套，形成了一个特殊的系列。拿比利时来说，该国从1910年开始到现在差不多已经发行了1千余种。自1930年起，芬兰每年都要发行"红十字邮票"，每枚邮票上面都印上了一个鲜艳的红十字。此外，新西兰自1930年起每年也要发行带有"健康"字样的附捐邮票并将其称作"健康邮票"。

第四章 变体邮票，错得惊艳

　　怪异的画面，反常规的构图，不切实际的生活场景……这些看似让人啼笑皆非的错误邮品，原本只是应该被立即销毁的东西，结果在人类审美观念和收藏意识的包容下，顿成了"物以稀为贵"的另类绝响，这就是错印无罪的变体邮票。

　　所谓的变体邮票，也被称为异体票或者畸形票，是那种在设计和印刷过程中由于人为或者技术上的原因造成的邮票图案、文字、齿孔、颜色以及纸质等方面出现了和发行部门对外公布的资料不相符的情况，与理想中的正品存在着差异。按理说，这一类邮票属于一种变异的邮票，是一种不合格的废品或者残次品应该被销毁掉。但是，因为没有被及时发现和处理而进入了市场，所以就成为了集邮爱好者广为知晓的变体邮票。不过，变体邮票不光是"变体"才行，还要具备"合法"这个条件才行。它只能从正当的邮票发行渠道进入市场，那种通过非正当途径盗取出来的印刷废品不认为是变体邮票，一旦发现将会追究责任。

　　究竟变体票该不该收藏和研究，中外集邮界历来有不同的看法。其实问题不在于该不该收集和研究，而是从什么角度去收集和研究。

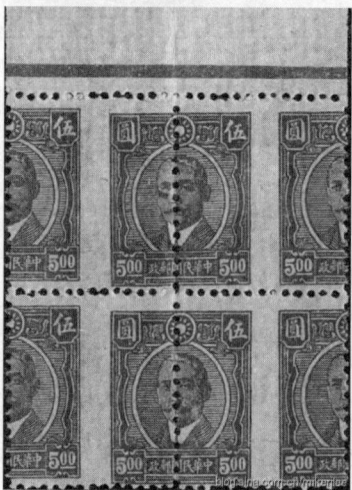

一些变体邮票展示

如果用一个不恰当的比喻说,变体票其实是邮票中的病变者,如果从质量标准的角度来看这一类邮票应当属于下品,并不符合广大集邮爱好者的要求。然而,从研究和变体票有关的邮票生产和发行管理的角度出发,去推断出邮票发行史中一些特殊的情况,这种收集和研究变体票的工作还是十分有必要的。

其实,当一个国家经常出现变体票的时候,说明该国在邮票印制水平和生产管理程序上存在着比较严重的问题,所以应当及时地查明原因,杜绝这种现象的出现。所以从这个立场出发,每一个变体票的收藏者和研究者都应该心怀这种责任。一般来说。关于变体邮票的成因的情况,是广大邮学家和集邮爱好者比较高层次的一项研究内容。一般来说主要分为以下几种情况:

1漏印:邮票的某一部分画面没有印出来。

2错位:邮票齿孔出现了移位的状况,比如错位印刷、齿孔错位等。

3漏齿:邮票上本来应该打齿孔的位置却忘记了打孔了。

4倒印:套印时将文字或者图案印倒。

5倒盖:将加盖或者是加印的图案和文字倒印。

虽然变体邮票存在着这样或者那样的缺陷,但也正因为这种特殊性才成为了人们竞相收藏的对象,特别是某些邮票在邮票发行史上占据了一定特殊地位的时候。还有一种情况是,假如一个邮票收藏家能够在参展的展品中向大家展示变体邮票,这样在评分的时候就会明显占优。由此可见,变体邮票成为了珍邮的一个重要组成部分。

中国曾经发行过一套著名的"宫门倒印票",是发行于1914年~1919年中华邮政的系列普通邮票,它有两处错误:一处错误是将2元面值的牌坊邮

宫门倒印邮票

票印倒了,另一处错误是将国子监的牌坊当成了宫门,所以这一套变体邮票被称为"宫门倒印邮票"。根据资料显示,这枚邮票进入市场仅有48枚,所以被集邮爱好者视作珍宝,列入"民国四珍"。

集邮爱好者也分成很多种类型,有的喜欢收藏设计和制作趋近完美的邮票,也有的喜欢收藏错误百出的变体邮票,当然在这部分人中有一些是抱着获取利益的目的来收集的。

1965年11月20日,在日本邮趣协会的一次拍卖会上,一套曾经由日本发行的变体邮票"恢复观测南极地区纪念"全张漏色被卖出了100万日元的价格。这套变体邮票是一位名叫中村和夫的邮商在整理其收藏的老邮票时发现的,最后经过媒体报道刊载在了1998年2月号的《邮趣》杂志上,从此才被世人所知。

其实,这套邮票早在1971年就被发现并报道过,因为它的全张局部有深蓝色漏印的漏色变体现象。所以邮票左下角的南极观测船只图案和右上角南极地图上表示观测基地位置的黑点包括边纸上"大藏省印刷局制造"的版铭都消失不见了。

1855年,澳大利亚的西澳大利亚州发行了一套以该州州徽"黑天鹅"为图案的蓝色邮票,蓝色,面值为4便士。在这枚蓝色邮票之前曾经发行了面值为1便士的邮票,后来由于在加印的过程中需要增加一批蓝色的4便士邮票,结果就发现了邮票的模具发生了损坏,然而在工人更换子模的时候不小心把第7排的第4枚子模弄歪了,还把第8排的第一枚子模弄倒了。结果在印刷到第97个印张时才被发现有倒印,而这个时候已经印出了388枚错票。然而,这个失误没有被反映出去而是被隐瞒下来。在邮票正式进入市场之

后,起初并没有人知道这种倒印票的存在,直到1863年,也就是邮票发行之后的第9年在爱尔兰被人发现,而这位幸运的拥有者是一个

左为正票,右为边框倒印票

名叫莫里斯的集邮迷。不过在当时，很多集邮者都以为邮票上的黑天鹅图案是被印倒了，然而在原印刷的石版被发现后才得知这是邮票的一个边框被倒置而造成的现象，所以最可靠的叫法应该是"倒边框邮票"。虽然如此，今天的集邮爱好者们依然将它看成是中心倒印并起了一个"倒天鹅"的绰号，这个名字也由此沿用至今。于是，倒天鹅成为了公认的世界珍邮之一，也被视作世界上第一枚错票。在2009年的《斯科特邮票目录》中，"倒天鹅"标价为108 000美元，目前存世量大概在30枚左右。

美邮之王

1918年5月13日，美国发行了一枚倒印的面值为24美分的"倒飞机"错版航空票，通称为美国中心倒印航空票，也被称为"美邮之王"。

还有一种常常被误认为是变体邮票的臆造票，其实它只是一种主观模仿出来的伪

纽约版孙中山像2元
中心倒印邮票

造假票。因为实际上并不存在相对应的真品，因此这些臆造邮票的铭记本身就成为了一种虚构。还有一种情况是，一些没有邮政主权的国家和地区甚至是一个流亡政府冒名发行了邮票，比如著名的"花纸头"臆造票。

在中东，历史上曾经出现过阿布扎比、迪拜、沙迦及其属地、阿曼、乌姆盖万以及富杰伊拉等六个酋长国，它们都曾经发行过邮票，然而在1971年12月2日这六个国家成立了阿拉伯联合酋长国（1972年2月11日哈伊马角加入），因此这一历史变故就决定了凡是带有上述铭记而邮戳或者所表现的事件发生在1972年以后的，那就被称为"花纸头"，是一种没有收藏价值的臆造票。

花纸头邮票

根据中国出版的集邮杂志在1993年6月刊发的一篇名为《漫话"错体"与"变体"》的文章,实际上人们常说的"变体"和"错体"并不是一回事。第一,所谓的"变体"是机器或者是某种工艺造成失误,"错体"应该指的是人为造成的失误。第二,所谓的"错体"必须是邮政当局已经正式发行的,而"变体"并非一定是进入市场参与流通的,也可以是没有经过正式发行的邮票。第三,"变体"必须有"正票"作为一个参照对比;而"错体"是可有可无的,因为有的邮票仅仅是以"错体"的形式而存在。

中国部分变体票一览

中国人民警察

错版原因:出现6根手指

全国山河一片红

停售原因:中国地图画得不正确

"国宝"级的珍邮,市场价在1000万元(人民币)以上

纪20错版票

停售原因: 票名存在争议

国际学联5大

停发原因: 票名存在问题

蔡伦像

回收原因: "前"字造成了严重的历史常识错误

首都名胜"放光芒"

停售原因: 印刷效果不好, 影响了画面的整体美感

淮海战役胜利纪念

错版原因: 将淮海战役的起止时间从6日变成了9日

蓝军邮

停发原因: 容易泄露出有关军队的一些信息, 另外邮票的流通范围和对象并不容易掌控

纪念毛泽东创建井冈山革命根据地四十周年
错版原因:存在历史常识性的错误

瑞典3斯基林邦科错色票

纽约版孙中山像2元中心倒印
错版原因:中心图案发生了倒
印现象

错版原因:当8S邮票的版模遭到损
坏之后,制版工人把一块3S邮票的
版模嵌入,因此形成了错色票。

图左为变色版本的"中苏友好同盟互助条约签订5周年纪念",图右为正常版本。
纪32"中苏友好同盟互助条约签订5周年纪念"
错版原因:这套面值为8分的邮票,在正式发行的时候其底色是咖啡色的,而在市场上却
出现了底色为橙红色的变异版本,由此,这张邮票成为了迄今为止惟一被权威的日本
出版邮票目录认定通过并收录的中国"错色"变体邮票品种。

法国最著名的错版邮票
错版原因：在4个人头当中有一个出现了啼笑皆非的倒转现象

毛里求斯"邮局"邮票
错版原因："post paid"（已付邮费）印刷成"post office"（邮政局）

萨克森三芬尼邮票
错版原因：颜色发生了错误

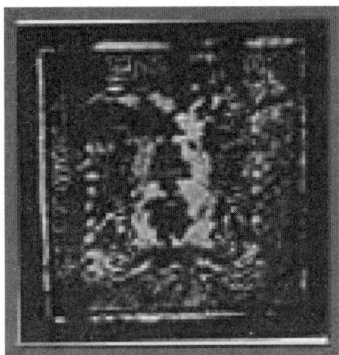

"钱五百文"中心倒印龙票
错版原因：中心文字印倒了

英国伊丽莎白女王像邮票折纸打孔变体票四方连
错版原因：打孔位置严重翻转并偏离

T152社会主义建设成就邮票
错版原因：红色汽车的顶部印有一团橙色云雾状的图案，属于印刷变体。

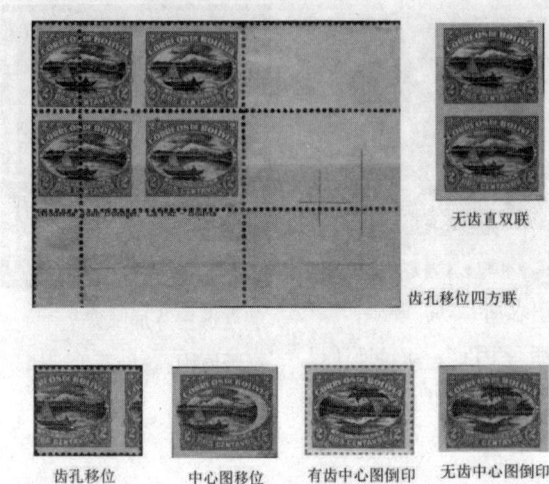

无齿直双联

齿孔移位四方联

齿孔移位　中心图移位　有齿中心图倒印　无齿中心图倒印

玻利维亚小船变体
邮票
错版原因:分别有邮
票中心图移位、无齿
直双联、有齿中心图
倒印、无齿中心图倒
印、齿孔移位。

二、变体票的分类

　　自从变体票诞生以来,如今已经有了差不多一百多年的时间,在世界上一些著名的集邮家所收藏的珍邮当中,有相当一部分属于变体票。中国早期研究变体票的一些集邮家,像王纪泽、马任全等人,他们对清朝的红印花变体票、民国变体票的收藏非常有研究,他们的一些学术成果帮助中国早期的变体票进入到了世界珍邮之列,这一贡献是不能被忽略的。然而,中国早期邮票的种类和数量本身就十分有限,因此变体票自然也很稀少,大部分的此类邮品的存世量在50枚以下,所以流传至今也很少有人能看到真品。

　　1949年之后,中国的集邮事业步入了一个崭新的阶段,无论是发行的种类还是数量都创造了举世惊叹的纪录。由于印制数量的庞大,其出错的概率也就相应加大,产生了很多不合格的邮品,仅仅根据《集邮》杂志和《中国集邮报》这样的专业刊物就能发现存在着六十多起变体票,而其他各种邮刊和邮报中刊载的有关变体票的消息更是举不胜举,给广大的集邮爱好者提供了丰富的研究对象。

1.变体票的珍罕程度分类：

（1）珍贵变体票：这些邮票通常是得到集邮界公认的并历经时间考验的同时也是存世量稀少的著名变体票。比如，"华邮四宝"中的红印花五元倒盖、"民国五珍"中的帆船加盖限新省贴用一元盖成"限省新贴用"、民国欠资半分下边漏齿、万寿加盖小字九分暂作一角倒盖、纪92蔡伦"前"、普12瑞金沙洲坝4分漏色等。

（2）普通变体票：这一类邮票多数是最近发现的变体票，种类庞杂，数量有多有少。比如文17中的"4分"漏色票、文18的"8分军民团结"刺刀漏色票、J173"侯德榜"缺"＋"票、长江三峡宽幅票以及普24"力士5元"胶面印等。

（3）趣味品：这些邮品和正票的误差并不大，仅仅是存在着比较细微的差别或者是出现误差的位置并不重要而已，并不影响整张邮票的价值，比如裁切或者打孔移位不大、漏印微小、轻度票面污染以及窄小的折白、露白等。

2.按照变体票产生的原因分类：

（1）因为材料引起的变体票，比如纸质不匀、印纸出现了破洞或者重叠等现象，甚至是油墨配比不统一造成了变体等。

（2）因为机器引发的变体票，多数是因为印刷、裁切和打孔等机器在长期运转中出现了定位失常、磨损走样以及油墨不均的故障，从而发生了偏移打孔、错位套色、粘连齿孔等变体。

（3）因为印版引起的变体票：印版是由各个子模构成的，按理说都应该是一样的。然而由于各种原因造成了在制模的时候出现了问题，于是就让印出来的邮票出现了变异的现象。

（4）因为操作引起的变体票：如果工人完全按照流程和工艺要求进行正确合理的操作，就不会出现不合格的产品，然而现实中人们总会因为疲劳或者一些其他因素造成了变体邮票的诞生，比如定位不准、印纸取错、放反、放倒或者手工加盖漏字、漏色以及油墨稀释不匀等。

（5）因为管理引起的变体票：一枚看似不大的邮票，从设计、审稿、制版、印刷、打孔等环节才能正式进入到市场，然而由于相关部门的工作失误，致使一些不合格品漏检甚至一些检出品也鬼使神差地进入到邮政和市场之中。

（6）因为人为引起的变体票：中国清朝海关试办邮政时期，德国人费拉尔负责邮票绘制工作，没想到他竟然人为地制造了许多变体票，如："万寿票"9分银对倒票、蟠龙蓝绿以及墨绿错色票等。

3.根据变体票的外观形态和颜色分类：

在日常生活中，通常第一眼发现变体票并非是查阅相关资料或者比对正品才发现的，而是凭借肉眼从主观上快速辨认出来的，这就是通过外观形态和颜色来认定的方法。

三、变体票的标准

变体票的概念听起来比较简单，但是在真正的鉴别过程中就存在着一些实际困难了，例如怎样进行最科学的认定这就是一个比较棘手的问题。特别是要对变体票进行比较细致的分类时，如果没有一个容易让人接受和理解的标准，这对如何判断一枚变体票的价值来说是很麻烦的。当然，尽管这种鉴别存在着困难，但是总需要有一个大致的标准和界限，以便于广大集邮爱好者参考和借鉴。

准确地讲，"变异"和"不合格"的度量其实是非常不准确的概念，因为它无法用精确的数值进行衡量。比如变体票上经常出现的"折白"是一种常有的变异，但是这个折白到底有多宽和多长作为标准是模糊的。虽然在集邮界有人认为大于3毫米作为折白变体的判断依据，然而这种判定还是有些粗犷，因为每一枚邮票的大小并非恒定的，所以3毫米宽度占据不同票幅的宽度差别是很大的，对小幅票来说笃定是过于苛刻了，会诞生很多变体票，而对于大幅票来说可能就基本符合。另外，折白本身的位置也是不确定的，假设涉及到了主图和图边、空幅以及底色上的折白，这其中的影响度肯定不同。另外，邮票印制过程中经常出现的"露白"现象，基本上是由印版磨损而造成的，谈不上属于变体，但是"漏印"的话就是变体。不过，这种微小的量变是有一个积累的过程的，究竟露白大到什么程度才能算是漏印？漏印小到什么程度才能算作露白，这都是用简单的标准难以确定的。

由此可见，变体票的衡量标准绝非一个跟定量有关的问题，这其中还掺杂着一个辩证的关系。一般来说，判断一枚邮票是否属于变体票，可以从以下七个方面作为标准：

1. 颜色变化：到目前为止，中国还没有一个统一公认的色谱样板和比较科学的颜色认定标准。因此在印刷印染、美术装潢、珠宝、建筑等领域都有自己独特的标准，完全是按照习惯叫法。不过，这种对颜色的模糊认定并不影响变体邮票，因为只要能够察明它在色深、色淡、色漏、色错以及色变等方面的变化就能够大致划分和确定该票在颜色变化上的特点和量度。那些因为光照、环境以及人为的原因造成的后天色变则不在讨论范围。

2. 图案异化：最好是在一毫米左右之内为标准，这个认定方法主要是来自于工程制图和地形测量等对分辨程度的一种规定。一般来说，不大于一毫米的差距用肉眼是很难分辨出来的，而作为变体邮票只有通过肉眼就能够判断出来这是最基本的标准。所以依照这个方法，用放大镜观察得出的结论不能算所一枚邮票是否为变体票的标准，只能够作为细部研究的参考依据。毕竟，以人类目前的科技水平而言，想要造出完全相同的两个东西基本上是不可能的一件事，或者换一种说法就是：在放大镜下观察没有完全相同的两张邮票。

3. 位置转移：无论一枚邮票的具体变异是因为什么，它在邮票中所处的位置是很重要的一个参考标准。如果这个变异的位置在邮票的边角位置，其价值自然少了很多，顶多也就算是一件趣味品罢了。简而言之，一张变体邮票的变异位置一定要"变"得有特色，而如果位置不伤大局的话那么就不应该称其为变体邮票。

4. 子模、材料发生变化：邮票上出现因为个别子模造成的多出某些符号、文字以及图案甚至是粘上某些临时性物质导致局部变异进而造成邮品本身传播的信息发生错误的时候，可以被认定为变体。比如材料异变、纸上粘物已经影响了主图难以清除或者是正面背胶遭受污染等，也可以认定为变体邮票。

5.邮品等级因素：如果从管理的角度进行分析的话，我们会发现邮票和邮票之间也存在着很大的差别。一般来说，邮局对邮票的印刷是非常重视的，通常要经过多道审批程序才能正式出厂流向社会，尤其是那些邮资封也深受重视，不过因为这些普通的邮资封印数巨大、版式众多、材质一般，所以出现问题的概率就相对更高。另外，和平时期印制的邮票和战争年代印制的邮票，因为特殊的历史环境原因出现错误的概率会有所差别。拿中国为例，在20世纪50到70年代人为作假和伪造的事情非常少，但是随着市场经济的变化，从20世纪80年代开始出现了一些人为制造的变体邮票，这些都是集邮爱好者应该考虑的因素。

6.其他综合因素：一枚邮票出现了如反、重、漏印、倒印、倒盖、错盖、错字、重透印、大复印、胶面印、反面印、反水印以及双面印等现象时也都可以认定为变体。

以上六点标准并非得到集邮界认证的标准，但也算得上是比较公正和客观的认定标准。如果一枚邮票具备了这六条标准中的一条，基本上就可以判断其为变体邮票，当然品相上佳的变体应该至少具备两条标准才称得上是无懈可击的变体。如果仅仅是打了个擦边球的话，顶多算是趣味品也就是俗称的小变体邮票，没有那么大的收藏价值了。

四、变体票的研究

变体票是集邮爱好者一直关注的重要收藏对象，所以有不少集邮者对变体票有着比较深入的研究。一般来说，变体邮票主要有以下研究意义：

1.研究变体票的意义：自从1840年世界上发行了第一枚邮票以来，世界各国邮政部门都在努力提高自身印制邮票的质量和防伪水平。然而经历了一个多世纪之后，不管是哪个国家都难以避免变体邮票的出现。由此可见，任何一个生产过程最终都要是出错的，哪怕拥有着最完善的管理也是如此,邮票的好与坏无非是个概率问题,所以变体邮票注定是邮票发展史中不可或缺的组成部分。由于变体邮票本身也是一种邮资凭证,那么它当然具备和正票相同的文化和经济含义,最起码它可以帮助邮政部门提高印制邮票的工艺水平和相关管理能力。如果变体邮票在某一段时期出现比较少,那就证明在这段时间内邮政部门的效率和水平有所提高。此外,变体票也具有一定的艺术欣赏功能,它就像是一个邮品中的丑小鸭,给广大集邮爱好者一种亲切感。也正是由于这个原因,变体邮票才具有了收藏价值,因为它的数量稀少,哪怕是数量较大的一些子模变体和正票之间仍然存在着差距,这样就给变体邮票赋予了很高的经济价值。

2.变体票的"窗口"研究:在变体邮票的概念中,有一个不能被忽略的问题就是变体邮票必须要从邮票窗口售出这个条件,否则这种变体邮票就是非法途径流入市场的,失去了其重要的收藏价值。假设变体邮票是直接从邮局或者集邮窗口购买到的那当然没有问题。但如果是通过其他途径获得的,就必须要仔细考察一番了。通常而言,无论是邮商、集邮者自己是不可能完全制造出一张变体邮票的,也没有机会从邮票厂的检出品中逐一挑选。只不过,因为邮商通常都是大量采购邮票,所以获得变体邮票的概率就比较多。

如果有条件的话,最好要对变体邮票的全张进行全面的分析和研究,这是因为邮局全张上有着比较丰富的各种标记,可以帮助鉴定者判断这枚邮票是否从"窗口"中售出。另外,实寄封上的变体票如果有着鲜明清晰的邮戳的话通常都是真的。此外,通过对变体销票上的戳记日期也可以进行研究,比如在20世纪50到70年代,集邮没有什么经济意义因此造假的人并不多,然而在进入20世纪80年代以后就要小心了。

其实,关于变体票的"窗口"研究,总是容易的很容易、困难的很困难,所以就需要进行认真的分析才行。因为有些人会因利益的驱使将厂家的废票加工成"变体票",因此这一类邮票的"窗口"条件就很值得商榷了。由此可见,一张变体票的身份不仅需要专家来论证更需要时间来检验。

3.变体票的真伪研究:我们搜集变体票主要是为了研究与组集。只因变体票相对来说数量很少,自己不易经常碰到。发现有人出售,心情非常激动,一时忘了戒备购进了假货。赝品的制作有时可以乱真，因此邮人切记莫忘防假，以至于造成不必要的损失。通常，假冒变体的手段很多，大致在漏印、刷色、打孔、变色、加盖等方面做文章。但假的毕竟是假的，总有蛛丝马迹可以察觉，只要我们细心，善于研究和发现问题，就能炼就一对"火眼金睛"，拒假于门外，打假于当众。辨别的方法很多，主要有以下几点：

（1）和真票进行认真的比对：一般来说，真票的印刷质量是非常好的，无论是影写版、雕刻版还胶版，其线条、点阵和花纹都很容易分辨。假设一枚变体票在这方面显得很粗糙的话，那么它是一枚真品的可能性就大大减少了，需要收藏者谨慎对待。

（2）使用良好的集邮装备：如果你想收集到更多更好的邮票，必备的工具就是一个放大镜和一把镊子。放大镜是非常重要的防假武器，如果是普通观察的话，需要用5倍以下的放大镜，如果是细致观察的话就得用10倍的放大镜。当然，如果你想要看清楚更细小的纤维、刀痕、损伤和拼缝的话，恐怕就得用20倍的放大镜了。特别是在研究一些人工绘制的假戳时，就需要有更高的分辨能力，所以这时候就得用倍数更大的放大镜。除此之外，紫光灯也是检验邮票的重要工具之一，尤其是在检验墨色真伪时通过它的照射可以发现不同黑色的反光特点不一样。

（3）作伪手段的研究：现如今在各种集邮刊物上都有一些研究和介绍辨别假变色变体票造假手段的文章，通常它们都是利用光照色变和化学试剂的手段。一般此类邮票的特点是用溶剂将邮票上的金粉擦去形成邮票的漏面值和漏铭记，不过在20倍的放大镜之下，可以发现金粉的遗痕。也有一些制假的变体票是用油墨和印油手工描绘，人为地制造出一些造假者想要的变异效果。此外，还有一些邮票的凿孔不透形成了盲齿，经过人为压平之后打透的孔用打下的小圆孔纸——补平充当漏齿票。然而这些手法要想识别出来还是很简单的，只要在放大镜下认真观察就能窥出端倪。

4.变体票的稀有程度研究：一张变体邮票，在经历了成因、"窗口"、定量、真假、版式以及存世量等研究之后，它究竟是变是错、是多是少、是真是假也就一清二楚了，如果是因为偶然因素而发生的变体，那十有八九就是一张孤品邮票,其价值是难以用数字来衡量的,如果在拍卖会的推波助澜下价格可能会一浪更胜一浪,成为一枚天价邮票。就目前中国集邮市场的行情来看,一般的变体票很难断定其稀罕程度。

"贡嘎山与波波山"邮票

5.关于变体邮票存量的研究:通常来说,比较出名的变体邮票一般都有存世量报导,比如著名的"宫门倒"一共有48枚、纽约版孙中山倒印票有50枚等,因为其模具的数量可以经过准确的核实,但是那些由于意外因素造成的个别变体票就难以推断了,而且它们的存世量也往往也不多。比如,有一些打孔变体邮票,通常是印刷厂每5到10张一次打成的,在切开后张就有40版以下,所以能够通过检验漏出的也顶多是为数不多的几版,存量自然很有限。另外,漏印变体和刷色变体等变体邮票数量也不多见,因为在数版以下,还要减去"检出数"才能得出准确的"漏出"数量。

客观地说,变体票有很多确实都是珍贵邮品,这一现象导致现在很多集邮爱好者都将目光集中在这个特殊的群体中,然而这绝不代表一切变体票都能卖出天价或者具有收藏价值。有些错误的邮品并非是珍品。那些珍贵的变体

邮票,必须要是正规的邮品才有投资和收藏价值和意义,而那些不太正规的甚至属于边缘邮品的变体票,通常是没什么收藏价值的,国家邮政部门也不会轻易对这种变体票进行回收,典型的例子像极限片、首日封以及各种各样的商业封片等。

中国和墨西哥曾经在2007年11月22日联合发行了主题为"贡嘎山与波波山"的特种邮票纪念封,然而这套邮票在印制的过程中竟然在背面的说明文字里把"中华人民共和国"错误地印成"中国人民共和国",一下子在集邮市场上掀起了轩然大波,人们纷纷前去抢购,一度被炒到了700元左右的价格。然而到了2009年的时候,这枚邮品基本上无人问津。原因就是这枚首日封算不上正规的邮品,所以国家的邮政部门对其没有进行回收处理,导致其数量居高不下,因此没有成为珍品。换句话说,只有那种在发行之后马上由国家邮政部门勒令立即回收的邮品才有机会成为珍邮。相反,错误再大而发行量也很大的邮票,邮政部门还没有回收的话就难以成为珍品。

趣闻链接:中国错票之王——J173"中国现代科学家"中的侯德榜错票

这套邮票是中国发行的"中国现代科学家"第二组邮票。表现的科学家是:林巧稚、张钰哲、侯德榜、丁颖,不想在这四张邮票中却接连出现错误,称得上是达到了让人叹为观止的地步了,特别是其中的侯德榜票,错得让人瞠目结舌,错得让人眼花缭乱。

1.胶面印

这4枚邮票中都有胶面印的现象,其中以4-2张钰哲胶面印最为之多,而4-1的林巧稚相对次之,4-4丁颖再次之,4-2侯德榜很少见到。

2.齿孔移位

4-1林巧稚票出现了相当多的破版,但是这种破版绝不是邮政部门故意撕坏的,因为在破版中发现只有个别的齿孔出现了严重的位移,所以初步判断可能是该票在打孔过程中遭遇了机械故障从而产生了齿孔移位,于是在检验出厂时撕去不合格的那一部分,就成为了我们今天看到这种情况。

3.拼音错误

在4-2张钰哲邮票图案的左上方有一横行小字——张（2051chang）。这是1978年《国际小行星通报》为了纪念张钰哲在1928年11月22日发现一颗编号为1125的小行星而正式将其命名为"zhang"（张），结果却出现了这样一个明显的拼写错误。

4.刷色变异

在这套4枚邮票中都出现了程度不一的刷色变异，个别的还十分明显。

5.侯德榜票错误累累

（1）化学反应方程式出现错误

把化学方程式写成化学反应式。在人物头像背图下方有两个化学式，第二个应该是化学方程式结果却写成了化学反应式，这是因为式中的"$NaHCO_3$"（碳酸氢钠）其前面的系数已经是2了，这就意味着此化学反应式已经配平，所以它的反应式符号"→"应该改为方程式符号"="，然而邮票中的化学反应式竟然使用了"→"符号，这是不符合化学语言的。

（2）化学符号出现错误

人物头像背景图案是侯氏制碱法的工艺流程图，这是邮票设计者为了向世人展示侯德榜对世界制碱工艺的巨大贡献，然而在流程图的左下方代表无机物二氧化碳（CO_2）的气罐符号竟然被错印成了有机碳烯（CH_2），这是一个让人啼笑皆非的符号。

（3）漏标符号出现了错误

漏标的符号为"↑"和"↓"。在第一个反应式中因为碳酸氢钠在溶液中的溶解度比较小，所以应该被看做是沉淀现象，必须加"↓"符号，在第二个方程式中因为碳酸氢钠在煅烧条件下分解，所以其产出物的"H_2O"和"CO_2"都是以气态的性质存在的应该标上"↑"符号，结果在这张邮票上都出现了错误。

（4）加热符号"△"标注出现错误

加热符号"△"标注错误。物质在特定条件下进行的化学反应必须把外界条件用符号正确表示出来。第二个反应式的条件是"煅烧"，应该把煅烧符号"△"标注改为"="符号的上方，写在"→"下方是不对的。

除了这四种在每枚侯德榜邮票中都存在的错误之外,还有两种单独存在的错误。

(1)缺少"+"符号

整版中第47枚缺少"+"号。在第47枚邮票中的第一个化学反应式中,生成的"NH_2Cl"和"$NaHCO_3$"之间少了一个不应该缺少的"+"符号。

(2)加粗线的错误

整版中第37枚的一枚邮票的流程图连线中莫名其妙地出现了一条长度为1毫米的加粗线,而其他邮票中的同样位置没有这个现象。

侯德榜错票产生了龙头效应

侯德榜错票成为了我国邮票发展史上第一枚出现了如此之多常识性错误的邮票,由此成为了其他错、变体邮票难以具备的龙头条件。在这种特殊条件的推动下,侯德榜票的龙头效应自然就会随着时间的推移产生增值潜力。

侯德榜的错变体效应

长期以来,广大集邮爱好者对错变体邮票都是垂涎三尺的,有着非常强烈的知情欲和占有欲。不过,在目前我国已经发现的这些错变体邮票中,大部分属于一般性的错误,比如有重大错误被国家收回并禁止流通的"全国山河一片红"、"贵州错片"等,也有虽然不曾回收但是数量极少的蔡伦错票等等,让这些原本极其普通的邮票一下子成为了价值连城的变体邮票。因此,侯德榜错票也将会带动同样的效应和作用,产生更强烈和更明显的集邮市场冲击力。

侯德榜错票的璞玉效应

任何一枚身价不菲的珍邮,都不是人为臆造或者是吹捧出来的,事实上,有很多现在我们认定的珍邮在刚开始发行的时候可能只是一枚普通的邮票,然而经历了相关人员的鉴定和岁月的洗练之后却变成了珍邮。就拿中国的一些著名珍邮来说,可以分成两种类型:一种是在发行之后发现其出现了重大错误被限期收回然而却有一少部分流入市场的;还有一种是经过长时间和大范围的流通而存世量不断减少的,比如大名鼎鼎的于1980年发行的猴票,在刚刚进入市场的时候每一版的面值只是6.4元,邮局还把它当成了滞销品硬摊派给邮电职工进行处理,结果现在每一版的价格都在几十万元左右。同理,侯德榜错票虽然被认定为错体票的时间比较早,然而其增值的速度并不快。不过,只要在一些有识之士的宣传和推荐之下,侯德榜错票的知名度将会不断提高和存量的不断减少,它迟早也会显露出诱人的光芒。

第五章　邮票齿孔，微中藏奇

　　方寸天地，事无巨细，别样风情，自在邮票齿孔之上。不要小看这上小小的锯齿，它的由来有着一段传奇般的故事，凝聚着人类的智慧和想象力，也由此构成了邮票中最不可或缺的一部分。微小的齿孔，常常成为辨识邮票真假的最有力的证据！

　　一直以来，邮票齿孔是集邮研究的一项重要内容，也是广大集邮爱好者必须掌握的邮票知识之一。也许对非集邮爱好者来说，这小小的齿孔实在是无足轻重，然而这其中蕴藏的学问和渊源，远远不像它带给人们直观印象中的那样简单。

　　邮票的齿孔，位于整版每一枚邮票的中间，是用打孔机打穿小孔洞或者是采用压痕的方式制造而成的，其目的是为了让邮票方便撕开使用。因此，被撕开的邮票边缘的凸出部分就被称作"齿"，而那些凹进去的部分则被称作"孔"。在邮票齿孔产生之后，人类使用邮票的生活变得快捷顺畅，此外在各种集邮活动当中，集邮爱好者能够通过齿孔的疏密程度和形态特点对邮票进行真伪的鉴别，以此来判断它的真假、区分版别、划分年代。由此可见，小小的齿孔作用非凡，是一张邮票是否具有价值的重要参考依据之一。

　　不过，看似简单的邮票齿孔，并非是随着邮票的诞生而诞生的，而是邮票使用的十几年之后才出现的。1840年5月，世界上诞生了第一枚邮票——"黑便士"。这枚邮票在英国问世之初，采用的全张邮票印刷的方式，其中竖行是20枚，横行是12枚，全张共有240枚。由于当时未曾采用齿孔技术，所以邮局在出售邮票、人们在使用邮票的时候必须用剪刀剪开，否则会很容易撕坏邮票，这就给人们带来了极大的麻烦。直到1853年，一位名叫亨利·阿切尔的爱尔兰铁路职工发明了邮票打孔机。至此，邮票齿孔才走入人类的生活之中。

说起来，亨利·阿切尔能够想到如此聪明的办法解决人们撕开邮票的难题，是有着一段特殊的来由。据说，有一天阿切尔在酒馆喝酒的时候，无意中发现有一位记者刚刚写好了一份新闻稿，准备将其分别寄到外地的几家报社，然而当记者将随身携带的一整版邮票拿出来的时候，这才发现自己没有带剪刀，情急之下，这位聪明的记者从身上取下领带上的别针，然后用针头在各枚邮票之间穿刺出匀称的小孔，这才将邮票一一地分解开来。在旁边目睹了这一过程的亨利·阿切尔，一下子受到了启发。但是，出于谨慎考虑，阿切尔用了7年的时间反复进行研究和试验，最终在邮政部门的许可之下，拿出一整版的"红便士"邮票作试验，终于成功制造出了能够在每枚邮票的边缘进行连锁穿孔的机器。到了1853年6月，英国财政部奖励给阿切尔4千英镑，并给予了他注册专利权。

关于邮票打孔的由来，还有一个版本。据说是一位邮票设计家偶然间看见一位女士用自己的胸针将邮票的周围戳成针眼，然后轻轻一撕，就将一枚邮票从整版的邮票中分离出来。于是，这位邮票设计家受到这个启发之后，与邮票印刷厂取得了联系，最后设计出了将邮票四周都打上齿孔的邮票。

英国从1854年的1月开始，正式批量发行带齿孔的邮票。随后，瑞典、美国、加拿大等国家也分别在1855年、1857年和1858年采用了齿孔邮票。到了1878年，中国发行的第一套邮票——大龙邮票，也采用了齿孔技术。

齿孔小知识

邮票齿孔的度数

由于邮票的齿孔非常细小，所以通常在集邮和鉴别邮票齿孔的时候，单单依靠肉眼观察是不可行的。因此到了1866年，法国一位名叫勒格兰的集邮家发明了专门用来测量齿度的"量齿尺"。这个特殊的尺子在20毫米的距离内，按照顺序分别印上了各种疏密不同的齿孔同时注明了度数。使用者只要将邮票上的齿孔对着量齿尺的齿孔缓慢地移动，就能够看到两者之间的相吻合部位，于是这枚邮票的齿度就自然而然地知道了。一般来说，这种量齿尺主要是用透明塑料片、卡片纸以及金属片制作而成。

测量邮票齿孔度数的方法是法国集邮家、医生勒格兰最先提出来的，1866年10月，他发表了《关于邮票齿孔的研究》，并设计了一种测量齿孔间距的量齿尺，这种方法一直沿用至今。

所谓的齿孔度数其实就是齿孔的量度，其测量的方法就是将邮票放在量齿尺上，观察它在2厘米的长度范围内，究竟有多少个齿和多少个孔。假设一枚邮票有12个齿和12个孔的话，那么这枚邮票的齿孔度数就是12度；假设一枚邮票有11个齿和12个孔，那么这枚邮票就是11 1/2度。应该说，测量邮票的齿孔度数是研究邮票的一项重要内容之一，也是辨别邮票真假和区分不同版次的关键因素之一。

每一种邮票都会有不同的齿度，比如，中国邮票目录上用齿度的英文首字大写字母"P"来表示，而国外的很多邮票则用"Perf"来表示。通常，邮票的齿度表示形式为：横(即上下)齿度×竖(即左右)。例如，在邮票目录上只注明P14，那就是说邮票横竖的四边在20mm之内的齿和孔的度数都是14，我们把这一类称之为单式齿孔。再如，"P11.5×11"这样的标示，意思指的是

11个齿和12个孔,有11个齿孔是竖的,那么这种齿孔被称作复式齿孔。一般在鉴别相同图案的邮票版别时,只要查看齿度就能够顺利辨认。又如,纪7"第一届全国邮政会议"纪念邮票是上海大东书局印刷厂在1950年印制的,其齿度标明"14";而在1955年上海印刷一厂再版印制的,其齿度则标为"12.5"。

通常来说,一个国家发行邮票时使用的齿孔度数都是恒定的,很少发生太大的改变。以美国邮票为例,其发行的邮票主要是以11×10 1/2的标准进行打孔,而中国邮票的齿孔度一般为11度、11 1/2度、12 1/2度和14度。其他国家也是类似的情况。

邮票齿孔的形态

在邮票制作的流程中,打孔是最后一道工序,所以从打孔的效果来看,就能够发现是否有光齿、毛齿、盲齿和漏齿的现象,这也就成为了判断一枚邮票品相的依据之一。

一般来说,如果齿孔的边缘比较整洁光滑的话,我们将其称为光齿。随着纸张质量和印刷技术的不断加强,目前世界各个国家发行的邮票基本上都是以光齿为主。

如果齿孔的边缘存在着一些毛茬的情况,那么这种邮票会被称作毛齿。

如果因为加工的失误导致齿孔没有通透,而仅仅在邮票上留下了齿孔印痕的,我们将其称作盲齿。

如果邮票的边缘应该打孔的地方而忘记打了,那就是所谓的漏齿。

如果有的打孔位置偏离了原有的方向,而是打入进了邮票图案之内的,那么这种情况就被叫做齿孔移位。

还有一种"点线齿",它的特征是不穿孔的,而是用带齿状的线齿模在邮票的边缘部分冲压出了印痕。我们平常看到的小本票上的邮票,基本上就是三边有齿孔而另一边是裁切的。一般来说,有些邮票只存在着上下或者左右两边有齿孔,而另外两边是裁切的,这是为了方便自动售票机使用

的卷筒邮票。另外,还有一种专门为增加邮票品种而激发集邮爱好者兴趣
但发行量较小的无齿孔和异形齿孔邮票,比如方形、菱形或者在普通齿孔
的正中央打上椭圆形齿孔等等。当然,还有一种更为特别的,那就是在邮
票的四角尖处——打上了五角星形的齿孔,是一种极具观赏性的特异邮
票齿孔。

在邮票王国中,不仅存在着圆形齿孔这种主流齿孔,还有其他千奇百
怪的异形齿孔,它们让原本一枝独秀的圆形齿孔不再成为人们瞩目的焦
点,而是点缀了整个邮票齿孔的世界。

邮票齿孔的形态,一般都是圆形的小孔,这也是邮票的主流齿孔。当
然,还有一些邮票并非是圆形小孔的,那么一般将其称作为异形齿孔。

异形齿孔

异形齿孔,是指在邮票上打的齿孔并非圆形齿孔,通常分为矩形齿孔、
菱形齿孔以及方形齿孔、针形齿孔并用的横、竖异形齿孔等等。

1.方形齿孔:简称方齿,它的孔洞是正方形的齿孔。通常在邮票撕开后,邮票边缘的形状比较像古代城墙上的垛口。一般来说,这种齿孔很少能见到,1862年澳大利亚的昆士兰曾经在其发行的邮票中使用过这一类齿孔。

2.矩形齿孔:也被称作长方形齿孔,它的孔洞是长方形的孔点,当邮票被撕开之后,其形状与方形齿孔比较接近,多见于早期的外国邮票,国内基本上没有。

3.菱形齿孔:又被叫做钻石形齿孔,它的孔洞是菱形的,在撕开之后票边呈现出锯齿形状。保加利亚在1884年曾经发行过一套欠资邮票,该套邮票的齿孔就是菱形。

4.椭圆形齿孔:它的孔洞呈现出椭圆形齿孔,常见于嵌在圆形的孔和孔之间,带有一定的防伪作用。1998年,中国曾经发行了主题为"何香凝国画作品"的一套邮票,其中的3枚邮票上分别打有两个椭圆形齿孔,第1枚位于左、右两边,而第2枚和第3枚位于上下两边的中部位置。可以说,这是中国第一次在邮票印制中使用了异形齿孔。

5.星形齿孔:它的孔洞呈现出五角星形状的齿孔,这种齿孔的特点是具有较强的防伪作用,同时又有很特别的装饰作用。中国在1999年的12月20日曾经发行了主题为"澳门回归祖国"的一套纪念邮票,在该套邮票的小型张上,四个角就分别打有一个星形齿孔。

6. 字母形齿孔:中国国家邮政局在2000年的12月12日发行了主题为"君子兰"的一套邮票连同1枚小全张。在小全张上,写有"君子兰"三个字的汉语拼音字母——"jun zi lan"。该套邮票采用了磨削工艺,让它的齿孔和拼音字体一次成型,让邮票本身增加了光鲜夺目的色彩,十分具有艺术性。

7.鸳鸯齿孔:也被叫做混合齿孔,是指在一个全张邮票上同时有两种齿孔,比如一种是点线孔而另一种是圆形齿孔,通常这种齿孔在早期发行的邮票中比较多见。

普通邮资信封上的邮票齿孔

在普通邮资信封上的邮票,同样也会分为无齿孔邮票和有齿孔邮票两种。而有齿孔主要是圆形为主,那些异形的齿孔主要在小型张和小版张中比较常见。不过,在这些普通邮资信封上的邮票,偶尔也会看到有异形齿孔,其中有两枚加印广告普资封的邮票,在其四周都是异形齿孔。

以"芙蓉花"普通邮资信封为例,可以总结出如下特点:

1. 这套普资封发行于2001年的6月26日,面值为80分,邮票规格是25x35mm,印刷齿孔度数为13.6x13.7,采用了胶版印刷。这套空白邮资封的邮票采用了比较常见的半圆形齿孔。相比之下,重庆市采用了普通邮资封加印"致母亲"的礼仪(感恩)封,其邮票的齿孔形状则为类似实线印刷的四边形或者塔顶形。除此之外,两者在邮资图绿叶网纹、背面文字距离以及红色邮编框的长高等方面也存在着版式的区别。

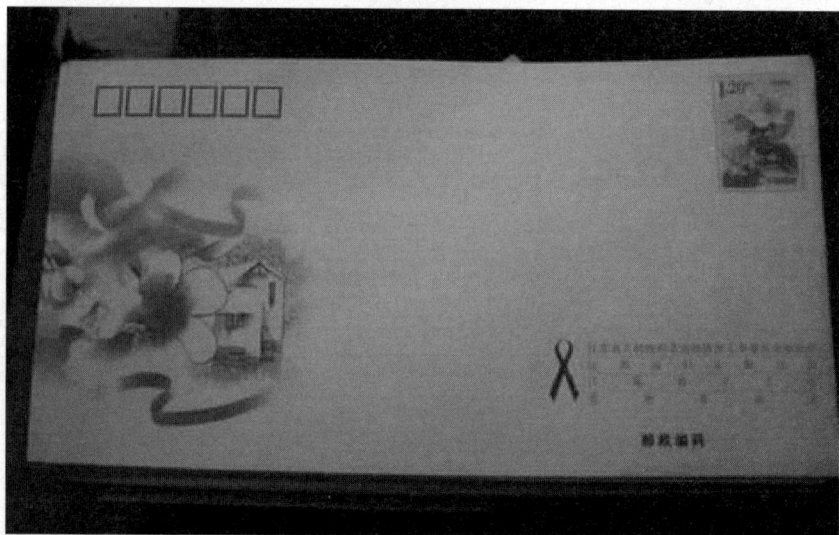

2."菊花"普资封于2001年7月9日发行，面值是60分，规格为25x35mm，印刷度数是11.2x11.4，胶版印刷，用这套邮资封加印的广告普资封的邮票齿孔和"芙蓉花"大同小异，其主要的区别只是前者为细齿，后者为粗齿。

广告加印普资封为邮票市场提供了新的版式的同时，还增加了防伪功能，便于集邮爱好者收藏和甄别，这一点是值得称赞的，也让其增加了相应的收藏价值。

齿孔规格

单式齿孔，是指邮票的各边齿孔度相同。

复式齿孔，则是指邮票各边齿孔度存在着差异。

邮票翼边，翼边是指由于孔针发生行距的改变或者漏打的现象，进而造成整版邮票的边沿行列以及各格边沿行列产生了"阔边"的现象。一般来

副票过桥示例

说，邮票的翼边氛围左、右、上、下四种。其中上、下翼边如果发生了漏打的现象，就被分别称为高头和长尾。

副票过桥，一对邮票在印刷的时候留出了一段比较宽的空白，上面印

上一些图案或者文字,这种邮票就被成为过桥邮票。显然,如果将这两张邮票撕开的话,其中的"过桥"部分就失去了原有的意义了。在这一概念的基础上,邮票和过桥或者附票之间没有打上齿孔,造成过桥上下乃至左右两边的邮票因缺少齿孔而产生隔阻,一般集邮爱好者将这种过桥称其为断桥。

根据集邮界的传统和习惯,一般将将B11.5度以内的齿孔划归为"粗齿",而13.5度以上的齿孔则划归为"细齿"。事实上,孔针的直径大小直接决定一枚邮票的齿孔孔径。目前,中国在七色印刷机连机使用的滚筒式打孔器的孔针,其直径大小是0.985毫米,因此很多邮票的齿孔大小也就在这个数据的上下徘徊。经过一些资深集邮家的认真研究,认定清朝发行的"大龙"邮票无论在哪个版本中,其折齿孔都是D12.5度。相比之下,在清朝发行的"小龙"邮票中,有些的齿孔度数是12.5度,被称作"细齿小龙"。

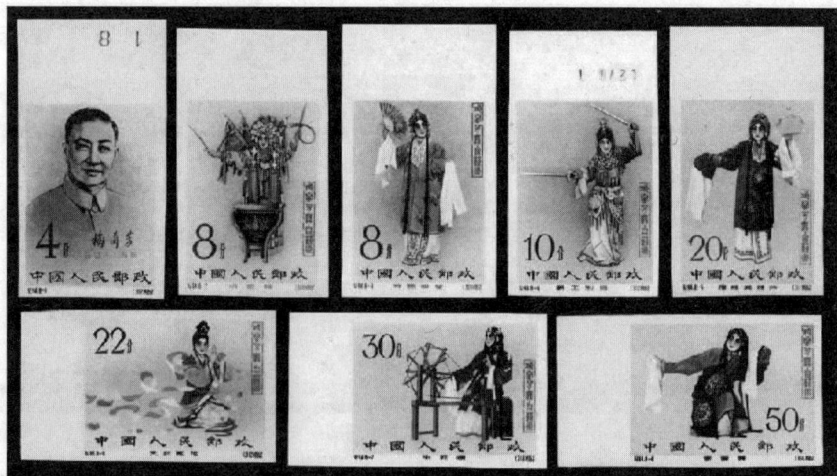

纪94"梅兰芳舞台艺术"

由于很多集邮爱好者对邮票齿孔情有独钟,因此为了满足大家的这种需求,中国曾经发行了很多无齿孔邮票,主要有:纪94"梅兰芳舞台艺术"、特54"儿童"、特59"熊猫"、特60"金丝猴"以及T132"麋鹿"。

1962年8月8日,新中国发行了第一套无齿孔邮票——纪94"梅兰芳舞台艺术"邮票。

特54"儿童"

中国发行的无齿邮票可以分为三种类型

1.已经发行的有齿孔邮票,也包括发行的无齿孔小型张。通常这种情况是因为邮票和小型张并非同步发行,比如"中国古代科学家(第一组)"、"人民英雄纪念碑"、"关汉卿戏剧创作七百周年"以及"桂花"等。

除上述在不同时期发行的邮票之外,

特59"熊猫"

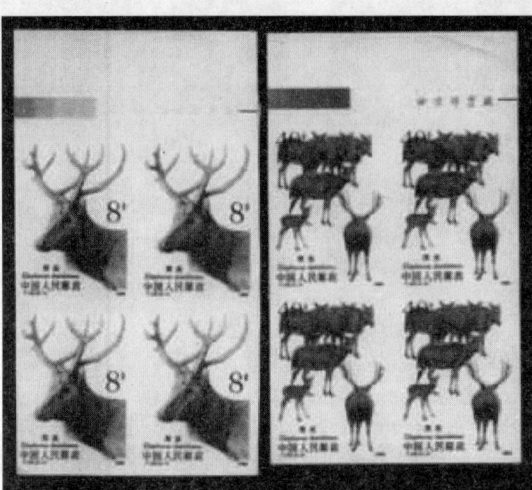

T132"麋鹿"

曾侯乙编钟(小型张)

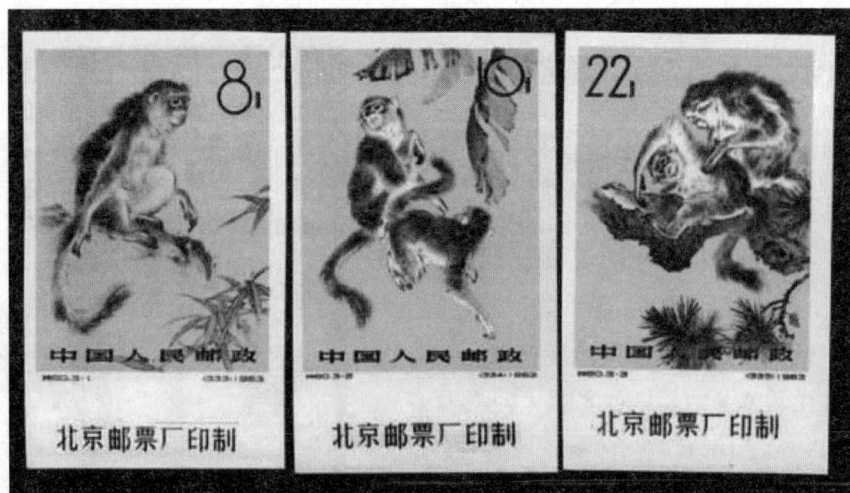

特60"金丝猴"

还有在同一时期发行的有齿孔邮票和无齿孔小型张,比如"马王堆汉墓帛画"、"中华人民共和国成立四十五周年"以及"孔子诞生二千五百四十周年"等。

2.是有齿孔、无齿孔邮票(小型张)同时发行。比如"梅兰芳舞台艺术"、"儿童"、"熊猫"、"金丝猴"以及"麋鹿",另外还有"1996中国-亚洲国际集邮展览(小型张)"(俗称宝鼎小型张)。

3.单独发行无齿孔小型张。一般来说,这种发行的方式并不常见,目前只有"曾侯乙编钟(小型张)"一套。

齿孔打孔方式

邮票的齿孔是邮票外观的一个很重要的特征。早期的邮票齿孔主要可以分为线齿和孔齿两种,而线齿又可以进一步划分为点线、弧线、蛇形以及矩形几种孔齿,与我们常见的圆形和菱形等齿孔形态存在着一定的区别。一般来说,依照打孔设备和制作加工程序的不同,打孔方式主要分为线式、梳式以及整式这三种。

所谓的线式打孔,是在邮票撕开之后,每枚的票幅不一定完全相同,四方连的中心也未必是完整的圆孔,其边纸属于"四面通天"型。

所谓的梳式打孔,是在邮票分开之后,四角为四分之一圆,四方连的中心大部分是完整的圆孔,边纸有一边通天。

所谓的整式打孔,也叫做棋盘式打孔,即整版邮票经过一次性打孔完成之后,经过分撕的四角都是四分之一圆,而每一张邮票基本相似,四方连的中心必须是完整的圆孔,边纸四边不通天。从目前邮票发行的情况来看,中国的邮票大多数都采用了这种打孔方式。

鉴别假无齿票和假有齿票

通常,邮票的造假者绝不单纯只是仿制邮票,有些人为了能够制造出逼真的效果,会在真邮票身上做文章。比如,有一些邮票在发行的时候,同时存在着两种版本:有齿版和无齿版。按照邮市的规律,无齿票发行量较少,因此售价也比较高。所以,一些造假者就会把将有齿孔邮票的齿孔剪掉,从而制作出一种假无齿票。当时在中国邮政部门发行"麋鹿"的时候,就有不少人在利益的驱使下将手中持有的有齿票剪成了无齿票。

不过,这种用真票进行伪造的假无齿票,也并非无懈可击,只要用高倍放大镜认真观察票面,总会发现一些细小的差别。其中最简单的一个方法就是比对邮票的大小,因为假的无齿票的票边肯定要比真的无齿票狭窄一些。

还有一种情况是,有些邮票的有齿版本比无齿版本售价要高,所以这时候造假者就会会给无齿票人为地打出齿孔。通常在鉴别这一类邮票的时候也有办法,比如这种邮票一般齿孔的齿边很十分整齐,没有撕开时留下的毛茬,但是它的齿孔齿距和排列是不均匀的。曾经有人用普22"祖国风光"邮票中的8分"万里长城"制作假的有齿票,结果由于手工操作的误差在邮票上打了大小不一、歪歪斜斜的齿孔,稍加仔细观察就不难发现其中的破绽。

邮票弱齿

所谓的邮票弱齿,也叫短齿,就是指邮票的齿孔没有呈现出应有的波浪形状,而是显得整体弧度不够。比弱齿更严重的一些的,就是缺齿。弱齿的出现,直接影响着一枚邮票的美观度和价值。在一些年册当中,偶尔就会出现某张邮票弱齿的情况。

邮票弱齿

邮票折齿

所谓邮票折齿,就是指的邮票齿孔出现了折痕,显得不平整。折齿现象和弱齿、短齿都是影响着一枚邮票品相的征兆。

中国发行的各种异形齿孔邮票

自从1998年6月27日正式发行1998－15"何香凝国画作品"邮票开始,目前中国已经在很多套邮票中运用了异形齿孔防伪技术,而且异形齿孔的形状千变万化,从单一性发展到了多样化,比如椭圆形、哑铃形、星形、菱形、六边形、小圆形、大圆形、六角形等。应该说,这些异形齿孔邮票的出现,肯定是采用了特有设备打制的,一般人很难伪造,因此拥有非常好的防伪功能。

1.椭圆形齿孔邮票

1998－15"何香凝国画作品",在邮票上下(3－2)、(3－3)和左右(3－

1)以及齿孔的中部,分别打有一个椭圆形齿孔,这是中国邮政第一次正式
发行的异形齿孔邮票,也是第一套椭圆形齿孔邮票。

1998—15"何香凝国画作品"

1998—15"何香凝国画作品"

1998—15"何香凝国画作品"

普30"保护人类共有的家园""60分"，在邮票的上下边中间分别打有一个椭圆形齿孔，这应该是中国邮政第一次发行的异形齿孔普票。其中的"10分"和"1.5元"的两枚邮票，在票面上下齿孔居中的部位分别打制了一个哑铃形齿孔，但是同样为这套邮票的"5分"和"30分"两枚邮票，其上下边的中

普30"保护人类共有的家园"

间部位却都是六边形齿孔；此外，在"80分"的邮票的上下边中间部位，分别打制了一个菱形齿孔，可谓"同套不同齿"。

2004－15"神话——八仙过海"小型张，其右边分别打有两个椭圆形齿孔。

2.五角星形齿孔邮票

1999－18"澳门回归祖国"小型张，面值为8元，其四个角分别打有一个五角星形齿孔，这是中国邮政部门第一次发行的异形齿孔小型张。

2004－17"邓小平同志诞生一百周年"小型张，同样采用了五角星形异形齿孔，运用了比较先进的APS打孔器，在邮票上、下边（横边）的中间部位各自打制了一个特殊形状的异形齿孔，非常类似一个组合的

神话——八仙过海

澳门回归祖国

邓小平同志诞生一百周年

齿孔，在它的中间则是一个菱形齿孔，左右分别为一个大圆形齿孔，以上三个异形齿孔联合组成一个特殊形状的异形齿孔。应该说，此套新颖的异形齿孔邮票既具有防伪性也具有观赏性，为异形齿孔开创了一个全新的品种。该套邮票和"澳门回归祖国"小型张不同的是，该套小型张邮票的四个五角星形齿孔分别在四个直边的中间位置。有趣的是，这两枚五角星形齿孔小型张都是以邓小平的形象当做主图。

3.六角星形齿孔邮票

2004－1"甲申年"，是中国邮政部门第一次采用的六角星形齿孔防伪技术的邮票，也是中国第一次发行的异形齿孔生肖邮票。

2004－22"漆器与陶器"，是中国和罗马尼亚联合发行的邮票，在这套邮票的四个直边的中间部位，采用了六角星形异形齿孔。有意思的是，这两套邮票都是36mm×36mm的正方形票幅，此外它们的异形齿孔的位置也是一致的。

4.大圆形齿孔邮票

2000－22"中国"神舟"飞船首飞成功纪念"，这套邮票的形状为三角形，在该套邮票齿孔的顶端位置，分别打制了一个比其他齿孔要大很多的大圆形齿孔，这是中国第一次发行的大圆形齿孔邮票，很有里程碑意义。

2002－17"人民军队早期将领（一）"和2003－19"图书艺术"，这两套邮票也是在每一枚邮票的四个角打制了大圆形的齿孔，所不同的是，前者

漆器与陶器

中国"神舟"飞船首飞成功纪念

人民军队早期将领(一)

图书艺术

的大圆形齿孔比较小,很难被人发现,因此具有了非常细致的防伪功能。

5.小圆形齿孔邮票

2000－2"春节"小版张,该套邮票的四个角齿孔都采用了小直径的针打制,这是中国第一套发行的小圆形齿孔邮票,很有纪念意义。

"武当山"小型张

彭真同志诞生一百周年

武术与跆拳道

中国古典文学名著——聊斋志异

2001－8"武当山"发行于2001年5月26日，这套小型张邮票和副票的四个角齿孔分别采用了小直径的针打孔，是中国第一次发行的小圆形异形齿孔小型张。

2002－8"千山"，采用了4枚横连印的形式，它的每枚邮票的四个角齿孔，都选用了小圆形齿孔防伪技术，不仔细观察的话很难发现其中暗藏的玄机。

2002－24"彭真同志诞生一百周年"，该套邮票一共有2枚。在全张票的每枚邮票的四个角，分

奥运会从雅典到北京

"步辇图"小型张

别打制了一个比其他齿孔稍稍要小一点的小圆形齿孔。

2002年的11月20日，中国和韩国共同发行了2002－26"武术与跆拳道"邮票，这套邮票一共有2枚，都采用了连印的形式进行印刷。在中国印制的邮票中，全张票的每枚邮票的四个角都分别打了一个比其他齿孔略小的小圆形齿孔，这也是中国在对外联合发行邮票中第一次采用了小圆齿孔防伪技术。

2003－2"杨柳青木版年画"，该套邮票一共4枚，其中版式一全张票的每枚邮票四个角的齿孔，使用了小圆形齿孔防伪技术。

2003－8"鼓浪屿"，一共有3枚邮票，都是以连票的形式进行印制的，其中版式二和小全张的每枚邮票四个角的齿孔，都是采用了小圆形齿孔防伪技术。

2003－9"中国古典文学名著———聊斋志异"（第三组），该套邮票一共分为6枚以及1枚小型张，其中的版式一和版式二全张票的每枚邮票四个角的齿孔都采用专门的小直径针打孔，这是中国第一次在1套邮票的大版张和小版张上一起采用了小圆形齿孔防伪技术。

6.小菱形异形齿孔

2004－16"奥运会从雅典到北京"，这套邮票第一次采用了小菱形齿孔的防伪手段，也就是在大、小版张邮票的四个直边的中间位置，分别采用了两个小菱形齿孔。这种小菱形齿孔的形状大小与一般邮票的齿孔没什么区别，但是却不容易被人发现，然而和其他异形齿孔邮票通常都具备了比较好的防伪作用。

7.十字形齿孔邮票

2002－5"步辇图"小型张，这套邮票的四个角分别打上了一个"十"字形齿孔，这种"十"字形齿孔看起来十分细小，可见其精湛的工艺。

2003－23"中国2003第十六届亚洲国际邮票展览"，这套邮票第一次使用了粗十字形齿孔防伪技术，相对而言，这种粗十字形的齿孔要比"步辇图"的细十字形齿孔大出很多。

JIYOU
QUTAN

集邮
趣谈 （下）

张亮◎编著

中国出版集团
现代出版社

图书在版编目(CIP)数据

集邮趣谈(下)／张亮编著. —北京：现代
出版社，2014.1
　ISBN 978-7-5143-2168-5

　Ⅰ. ①集⋯　Ⅱ. ①张⋯　Ⅲ. ①集邮－青年读物
②集邮－少年读物　Ⅳ. ①G894－49

　中国版本图书馆 CIP 数据核字(2014)第 008607 号

作　　者	张　亮
责任编辑	王敬一
出版发行	现代出版社
通讯地址	北京市安定门外安华里 504 号
邮政编码	100011
电　　话	010－64267325 64245264(传真)
网　　址	www.1980xd.com
电子邮箱	xiandai@cnpitc.com.cn
印　　刷	唐山富达印务有限公司
开　　本	710mm×1000mm　1/16
印　　张	16
版　　次	2014 年 1 月第 1 版　2023 年 5 月第 3 次印刷
书　　号	ISBN 978-7-5143-2168-5
定　　价	76.00 元(上下册)

目录

CONTENTS

第六章　小本邮票，寓意深刻

有趣的寓言故事，深刻的人生哲理，生动的画面语言……比普通邮票更有渲染力的小本票，以清新脱俗的形式、折叠复杂的样板，带你进入到一个充满智慧和趣味的别样方寸天地之中。

在集邮界，小本票与小型张、小全张，小版张一起被邮票界统称为"四小"是一种唯一带外册的邮票种类。小本票又被叫做邮票小册，是将一种或者各种不同面值的多枚邮票连印在一起，然后配上相关的封皮装订成册的邮品。

小本票的主要特点是：

1.枚数不多，面值较小，便于携带。

2.配有简单或者精美的封面和封底，并印有和邮票相关的图案或者文字说明。

3.一般都有一边或两边无齿的情况。

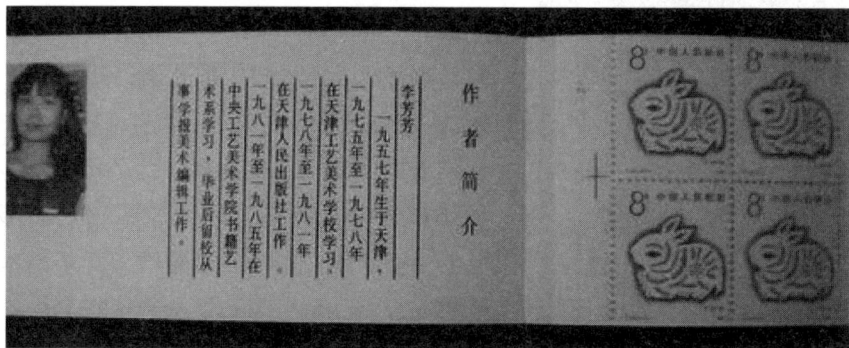

兔年小本票

"国王奥斯卡二世头像"

"羊"小本票

"小鲤鱼跳龙门"

4.小本里面的邮票和全版张的图案、面值、刷色等工艺大致类似。

5. 通常都是按照本内邮票面值的总和进行发售。

世界上第一个小本票诞生于1891年，它是由瑞典发行的"国王奥斯卡二世头像"。小本票的封面图案以国徽为中心，在国徽的两侧是卢森堡大公国的法文全称。在国徽的下面用法文注明了小本票里面包含了24枚5分邮票以及售价1.25法郎的字样。由于这是世界上第一种小本票，因此很多集邮爱好者都把它当作自己邮集中的藏品并以此为荣。在2011年的4月，美国切里斯通拍卖行举行的拍卖会上，这套小本票以1437.50美元（包括佣金）的价格成交。

相比之下，中国发行的小本票要稍微晚一些，是在1917年由中华邮政发行的"北京一版帆船"邮票小册。

新中国成立之后，逐渐完善了自己的邮政体系，在1980年9月20日发行了第一套小本票——"童话——咕咚"。在此之后，中国的邮政部门差不多每年都要发行1至2个品种，内容也由单一发展到了复杂，开始向动物、中国生肖文化方向发展。到了1991年的1月5日，中国发行完"羊"小本票之后，原邮电部由于创作设备的问题暂时停止了小本票的发行，至此，中国一共发行了18套小本票，大大丰富了中国的"邮票家族"，也让广大集邮爱好者有了比较丰富的选择。

2000年4月13日，国家邮政局正式发布了即将重新推出小本票的消息，让一度中断发行的小本票再次获得了与广大集邮爱好者见面的机会。当时，"重出江湖"的第一套小本票是"小鲤鱼跳龙门"，发行于2000年的8月，面值为4元，发售价也是4元。因为当时还没有启用机器生产而是采用手工制作，所以其发行量非常少，便迫不得已地采取了在预订户中摇号的方式进行销售。

目前，随着专题集邮观念的不断兴起，小本票封面上丰富多彩的图文以及内部的边饰等内容，都在逐渐变成有效的专题素材被大量地地应用在集邮的过程中，因此小本票这种邮品已经激起了广大集邮爱好者的收藏热情，同时也大大促进了各国发行小本票质量的节节提高。然而，中国目前的小本票基本上都是手工制作生产，发行量受到了严重的限制，所以发售方式都只能采用在预订户中摇号来进行。中国邮政业的这一现状，影响着小本票进入市场的情况，自然也就刺激了集邮爱好者对小本票收藏的热情。

纵观中国的邮票发展史，可以看出小本票的起步是比较晚的，然而其集邮的性质本身却大大超过了型张和邮票，因为小本票涉及的知识面非常广泛而且内容充实，既有观赏性又有阅读性，加之许多小本票中的故事都蕴藏着做人做事的哲理，因此让其具备了一般邮品没有的深刻寓意。

其实，对于很多集邮爱好者来说，集邮本身就是一个学习和不断提高自我审美水平的过程，而小本票恰恰满足了人们对这些知识、历史以及典故的要求。甚至可以说，小本票简直就是一本微型的百科全书，很值得人们进行深入的研究和探讨，这或许才真正践行了集邮的真谛。

从1991年1月5日到2000年8月8日，中国有了一个将近10年的未发行小本票的漫长间隔，所以这个"十年"就成为了记录一段特殊时间和岁月的标志，也是中国邮票业进行转折的关键时期。

当初在1980年中国发行第一套小本票"咕咚"的时候，由于那时候缺乏相关的经验，而且又是中国发行的第一套本票，没有可以参考的样板，所以设计得并不是很好：一个带有童话故事主角的小兔子封面的封皮，其中只有孤零零的两套邮票，显得非常单调。后来，中国发行的白暨豚，兵马俑等装帧和设计都很精美的小本票，和"童话——咕咚"相比简直不在一个水平上。除此之外，当时人们对小本票也没有足够的认识，因为小本票主要是为了服务集邮爱好者学习知识和收藏用的，所以很多人不懂得珍惜，将小本票撕下来当做邮票使用比如"童话——咕咚"、"鸡本票"、"狗本票"等等，因此有不少小本票遭到大量的撕毁和人为破坏的行为，甚至有人还丢掉了一套小本票，这就直接导致了"童话——咕咚"等小本票存世量的锐减，因此中国早期发行的18本"JT小本票"都很具有收藏价值。

编年票中的小本票，是从2000年8月8日以后的"小鲤鱼跳龙门"开始发行的新一轮小本票浪潮，和上个阶段发行的老本票相比，新时期的小本票设计风格日臻成熟，颜色也十分艳丽，另外机器的印刷效果和纸张的质量也得到了明显的提高和完善，这一时期的小本票厚度明显增加了，知识内容也明显丰富了。以"小鲤鱼跳龙门"小本票为良好的开端，为中断了10年的小本票成功地续写了新的篇章，成为了当年邮市的热门话题。

小本票的投资价值

总结起来，小本票可以说是"浑身是宝"，具有十分突出的收藏和投资价值。原因如下：

1.题材广泛，受人欢迎。

小本票中除了SB5"中日邮展"属于纪念票外，其他的都是特种票，因此很受集邮者的追捧。

2.设计精美，风格独特。

一般来说，小本票的规格和小型张比较类似，所以从封面、封底以及内里都经过认真的研究和设计，其色彩十分艳丽，图案也简洁明快，将常用的连票、附票、过桥、花边、底纹等修饰全部收纳进去并重新进行了巧妙的艺术组合。比如SB9"兵马俑"小本票，封面和封底展开后，是一幅兵马俑坑的广角俯视图，场面恢弘壮阔；在小本票中还有一枚T88M兵马俑小型张，有两套T88邮票，同时与副票(秦始皇陵外景图)构成风格另类的小版张样式。此

"兵马俑"小本票

外,它的图案采用花边和底纹进行烘托,可以说是锦上添花,是地地道道的雅俗共赏的绝佳艺术品。

3.制作复杂,防伪功能出色。

由于小本票的制作工艺相对普通邮票要复杂一些,所以在伪造的时候就显得极其困难。到目前为止,邮市上除了发现SB1"童话——咕咚"有伪造的假票之外,其他的小本票都没有发现赝品。应当说,在如今假冒伪劣邮票到泛滥邮市的状况下,这一优点非常重要,是其他邮票不可替代的。由于SB1内芯邮票系从版票撕成二列,粘贴于封皮而成,故该品仿冒容易,目前已发现伪品近10种,在购买时一定要提高警惕,注意识别真伪。

3.信息量大,浑身是宝。小本票将册、票、图文融为一体,集艺术性、欣赏性和知识性于一身,给人们以知识和美的享受,可以说小本票是一部浑身是宝的"小百科全书"。

4.发行量小,投资划算。

目前,小本票中发行量最小的是SB1,为10万本,因为发行时间比较早而且大部分遭到了损耗,所以存世量非常少。大全套(SB1～SB19)小本票,发行量大概在2757万本上下,平均每套才145万本,比同一时期发行的小型张要少得多,而且当时的价格也比小型张要低。后来,在小本票停发的十年间,从1994年开始它们的价格一路攀升。到了1993年的时候,大全套(18套)的总价按总公司结算价为483.5元,到了1997年总公司核算价猛增到了5010元,在4年的时间内足足暴涨了10倍多。

不过现在，小本票的价格大大低于国家的核算价，处于严重的超跌状态。然而这19种小本票，每一套都是具备增值潜力的，迟早会借助后续题材的有利助推，成为邮票板块中不可小觑的一个类别。当然，对于小本票的收藏也要多加小心，防止买到假冒伪劣产品。

"童话——咕咚"小本票的鉴定方法

T51"童话——咕咚"是一篇优秀的童话作品。基本的故事情节是：一只已经成熟的木瓜"咕咚"一声掉进了湖里。这时，一只胆小的兔子听到之后边跑边喊"咕咚来了！"于是也让其他动物大惊失色都跟着兔子盲目地跑起来。后来，聪明而勇敢的狮子领着大家回到湖边，经过认真的查看才发现这是一场虚惊。这篇童话故事形象地告诉人们：遇事的时候一定要像聪明的狮子，多注意观察实际情况，不要人云亦云盲目行动。

1980年6月1日，为庆贺"六一"国际儿童节，中国邮电部发行了"童话——咕咚"的特种邮票，全套一共4枚，附加1枚印着"童话——咕咚"故事情节的副票，因此采用了5连张印制的形式。万维生设计。这种带有副票的连票，为中华人民共和国第一次发行，形式独特，受到广大集邮者的喜爱。到了1980年的9月20日，中国邮电部再次发行了编号为SB(1)的小本票，其尺寸和规格为100mm×66mm。发行量为10万册，由北京邮票厂承印。

由于"童话——咕咚"小本票是中国发行的第一套小本票，所以有不少人在利益的驱动下乘机用真品的封面进行翻版，然后印制出假小本票的封皮，最后再从版票上撕下两套连票放入假的小本票的封皮内，当作真品进行出售。

为什么造假者要在"童话——咕咚"的封皮上做文章呢？原来当年发行这套小本票的时候，不像今天发行新品种那样隆重地宣传和介绍，所以当时知道的人并不多，据说有很多邮局的营业员不懂，以为是包装纸，于是将《咕咚》小本票的封皮彻底撕掉然后再出售，因此有封皮的"童话——咕咚"少之又少。

正是因为这一原因，伪品内装的邮票是真品，但是它的封皮却是假的。

根据它的设计者万维生介绍，主要有以下几种方法进行鉴别。

1.生产纸质

真品的封皮为浅黄色的卡纸，纸的纤维比较长，如果用高倍放大镜仔细观看的话，偶尔会发现棕褐色的纤维。

到目前为止，伪品的封皮差不多已经有几十种，我们挑出比较典型的两种简单介绍一下，姑且称它们为A和B两种假封皮。其中"A类"的封皮是用白色的卡纸印制而成的，纸面显得白色且光滑，如果用高倍放大镜观看会发现它纸纹细腻，纤维是比较短的；"B类"的封皮是用浅黄色卡纸印制，尽管表面色泽和真品封皮非常相像，然而用高倍放大镜仔细观察纸纤维和色泽还是和真封皮存在差别。

2.看封皮版别、刷色以及图案的印刷效果

真品的封皮采用了铜锌版凸印，草绿单色印刷，图案刷色非常纯正，油墨清晰，图案和线条也十分明亮，文字笔画显得十分整洁和清爽。如果侧光观看封皮或者用高倍放大镜观看所印的图文，很容易就会发现凸版压印的压迹。

伪品的封皮有的采用了胶版印制，刷色很假，油墨轻浮，用侧光或者高倍放大镜观看会发现所印的图文和墨色都在封皮表面漂浮着，丝毫没有凸版压印的痕迹。也有的采用了和真品一样的铜锌版凸印，但是在用真品翻拍制版时，由于铜锌腐蚀后制作出来的版模比较粗糙，所以导致图案、文字都显得不清楚，有的甚至线条发毛、笔画发糊，比如"B类"假封皮上的"邮政"中的"邮"字、"GU DONG"中的"DON"以及"童话"中的"童"字，都出现了糊墨的现象。相比之下，"A类"假封皮上的图案虽然印得十分清爽，不过由于采用了白卡纸，因此和真品封皮采用的浅黄色卡纸存在着明显的差别。

3.观察封皮上打印的编号

真品封皮上，是用打号机手工打印出了蓝色的编号，字体是宋体，而号码笔画的粗细是不一样的。

伪品封皮上的蓝色编号字体一般是圆黑体，号码笔画都一样粗细，也有个别伪品采用了宋体编号字体来打印,然而由于号码是刚刚打印出来,所以蓝色的油墨十分透亮。

4.用鉴伪仪鉴别

因为真品和伪品封皮采用了不同的纸质,因此在鉴伪仪的紫光灯照射下,真品封皮呈现出一种暗紫色,而"A类"假封皮呈现出白色,"B类"假封皮呈现出浅紫色。

圣安德鲁十字附票

外国小本票简介

1.德国小本票

在世界上,德国的小本票采用的版式花样是最多的,比较有代表性的就是圣安德鲁十字附票。1910年11月,德国第一次发行了小本票,在内页加上了耳曼尼亚普票,其中有一页是1格6枚10芬尼,另一页6枚5芬尼,还有一页仅有4枚5芬尼。这套小本票在左边2个空白位印上了圣安德鲁十字,售价为2马克。据说,这套小本票现在标价是9000欧元。

然而到了1911年初,德国再次发行了第2种小本票,与上一次不同的是,德国人在小本票的空位处加入了商业广告,从而代替了圣安德鲁十字,其他的设计和第1种小本票别无二致。

　　1912年6月，德国发行了第4种小本票，其中再次使用了新版式的斜十字。这一套的小本票，每本内页都改成了4页，5芬尼2页，其中1页出现了4个斜十字，10芬尼2页，另外1页有2个斜十字，售价也恰好凑成了2马克，可见德国人考虑问题的规整。目前，这种斜十字版式的小本票只有一种，现标价为11000欧元。在随后的十几年中，印有斜十字附票的小本票停止了发行。

　　1925年12月25日，德国发行了全套3种的州徽附捐邮票，就在当天还发行了3种版式和内页都不同的迷你型小本票，其中第1款每本内页为3页，前2页中每格有4枚邮票，第3页里只有2枚邮票，其余2个空位印上了斜十字，邮票面值和附捐金额一共为2马克。在第2款的第3页，斜十字附票被剪掉了一半，将剩下的一半当作页边。而在第3款的第3页却没有斜十字。

　　从1925年到1932年期间，德国再次启动并发行了好几种版式带斜十字附票的小本票。从附票的数量来看，最少的只有1枚而最多的竟然有6枚（图为1934年6月13日齐柏林飞艇挂号快递实寄封）；从邮票图案来看，既有每页图案和面值都统一的邮票，也有每页图案和面值相异的邮票；从邮票排列位置来看，既存在每页横向排列，也存在每页纵向直排的情况。

　　在二战结束后，德国分成了民主德国和联邦德国，简称为东德和西德，其中的联邦德国在1951年发行了邮政号角小本票，每本2页，由5种面值不同的邮票构成，其中10芬尼邮票少印了1枚，在其空位处印上了斜十字，面值合计为2.50马克。这是1949年联邦德国成立之后发行的第一种小本票，在此之后小本票中再也看不到斜十字的影子了。

　　2.英国小本票

　　1904年的3月，英国邮政部门正式发行了第一种小本票。这套小本票的封面为红色，文字为黑色，标明里面有24枚面值为1便士的邮票，售价按照面值2先令再加收半便士。这套小本票中的邮票一共分为6页，每页含有6枚1便士的邮票（3枚X2行）。这种深红色的1便士邮票，其主体图案为英王爱德华七世的头像，从1902年1月1日开始正式发行。现在，它的标价是450英镑。

　　1906年6月，英国邮政部门发行了第2种小本票，封面依然是红色，文字

英国爱德华七世头像小本票

英国发行的第2种小本票

也是黑色,标明内有12枚1便士和23枚半便士的邮票。此外,该套小本票的每页规格仍然为6枚邮票,但不过因为第1种小本票的售价存在零头,让邮局职员和购邮的客户都觉得很不方便,于是就将这套小本票进行了粗略的改进,让其中的1页少印了1枚半便士邮票,在其空白的部位就改成了印圣安德鲁十字图案,售价依旧以面值为参照再加收半便士,由此凑满了2先令。后来,这种方法被广泛采用了相当长一段时间。目前,该套小本票标价为1800英镑。

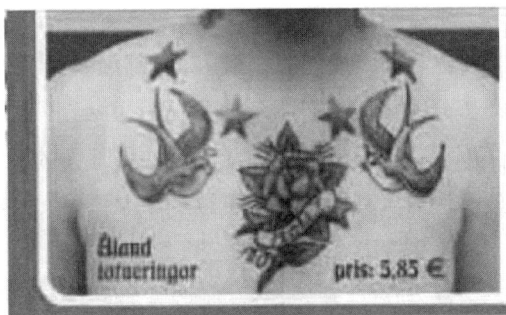
奥兰"纹身"小本票

3.瑞典小本票

自从设立诺贝尔奖之后，每年的颁奖典礼，基本上都是瑞典国王注定要参加的重要国事活动。然而能够展现国王颁奖场景的瑞典邮票，到目前为止只有一种，而且是一套小本票。

1986年4月23日，瑞典发行了以瑞典国王卡尔十六世·古斯塔夫40岁寿诞为主题的小本票首日封，其中中间的一枚邮票展现的就是国王在1980年向诺贝尔文学奖获得者、波兰诗人切斯瓦夫·米洛什颁奖时的情景，这是目前唯一一枚表现国王颁发诺贝尔奖内容的瑞典邮票。

4.奥兰小本票

2006年9月7日，奥兰邮政正式发行了主题为"纹身"的小本票，分别展示了男士手臂和女性腰腹部三处人体纹身和彩绘的图案。该套邮票一共有3枚，每枚售价为0.65欧元，小本票中包含了3套邮票。

法国新生儿小本票

芬兰小本票

5.法国小本票

2008年5月29日,法国邮政部门发行了2种新生儿刮擦小本票,其中的一部分图案使用了银色油墨覆盖,并标出了文字:"这是一个···?"男孩还是女孩,只有刮开薄膜,才能发现油墨下面的图案到底是一个男孩还是一个女孩。作为一套以儿童为主题的小本票,浪漫的法国人可谓别出心裁。

6.芬兰小本票

从2008年开始,芬兰邮政发行新的系列邮票——"芬兰艺术品"。5月9日,芬兰发行了第一组,全套一共为6枚,属于自粘小本票,图案采用了6幅芬兰最出色的艺术家作品, 它们分别来自芬兰的博物馆或者是艺术馆的藏品。其中有1枚名为"Me"的邮票别具特色,一般人很难看出来其蕴藏的含义。

图瓦卢小本票

7.印有Internet网址的小本票

目前,不管一个国家国土面积有多大,都只能注册并登记一个国别顶级的域名,采用国际标准化组织规定的ISO3166标准代码, 也就是用2个拉丁字母字符代表国家和地区的名称。到目前为止,符合这一特征的国家一共有240多个。

为纪念本国"tv"的顶级域名,图瓦卢在2001年的5月30日特别发行了1套4枚的邮票)。

为纪念上半年担任欧盟轮值主席国,卢森堡在2005年1月25日发行1套4枚的自粘小本票邮票,每枚票图中都带有"lu"域名的纪念标志。

卢森堡小本票

8.画上了地图的小本票

世界上有那么一种邮票，在绘制的时候加入了地图，然而却因为出现了错误引发了两个国家之间的争执。1969年，英国发行的根西岛地图错票就是最典型的例子。

根西岛位于英吉利海峡，1969年获得了发行邮票的自治权。到了1969年的10月1日，在其发行的第一套14枚的邮票中，有2枚根西岛地图邮票，面值分别是1便士和1先令6便士，地图上面标有经纬线，右下角的纬线则标示为"40°30′N"。

糟糕的是，这2枚地图所标示的纬线竟然是错误的。后来于1969年的12月12日发行的根西小本票中，里面1页的地图邮票被改印成了正确的标示——"49°30′N"。然而，原本那个印错的邮票，根西邮政部门却没有收回，而是在1970年的2月4日再次发行了2枚正确的标示纬线"49°30′N"的地图邮票。

到了1971年，英国最

根西岛地图小本票

大面值的货币单位——英镑被改成了十进制，于是就有了"1英镑=100便士"的公式。为此，根西岛在1971年的2月15日再次发行了全套13枚的新面值邮票，让图案和首套邮票完全相同，其中的2枚地图面值分别改为1.5便士。这一次,2枚地图的纬线就有了正确的标示。

其他外国小本票欣赏

芬兰小本票设计风格十分简约，但是不失细腻，尽管其中的大部分票幅较小，然而画面还是比较清新的。

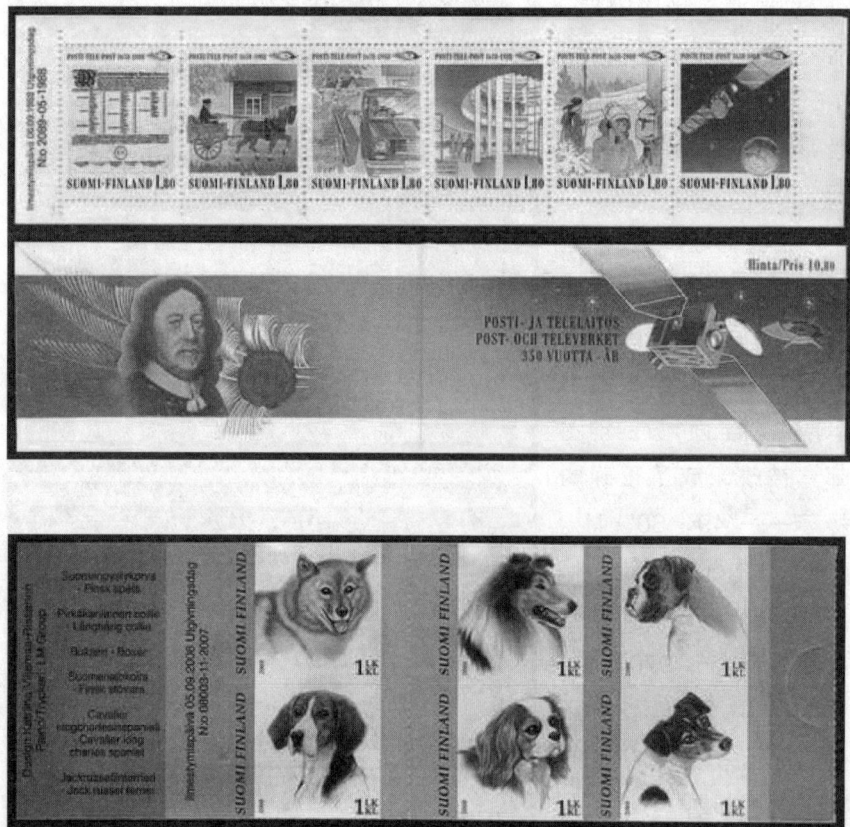

Ilmestymispäivä 29.8.1990 Utgivningsdag
N:o 70181-02-1990
SUOMI FINLAND 2.00
Hinta/Pris 12,00
Sadunkuvittaja
Sagoillustratör
RUDOLF KOIVU
1890-1946

N:o 92017-11-1991
Ilmestymispäivä
22.4.1992
Utgivningsdag
SUOMI
FINLAND
0,60
0,10
0,10
2,10
2,10
POSTEN VET OCH KAN
LÅT POSTEN SKÖTA
KYLLÄ POSTI HOITAA

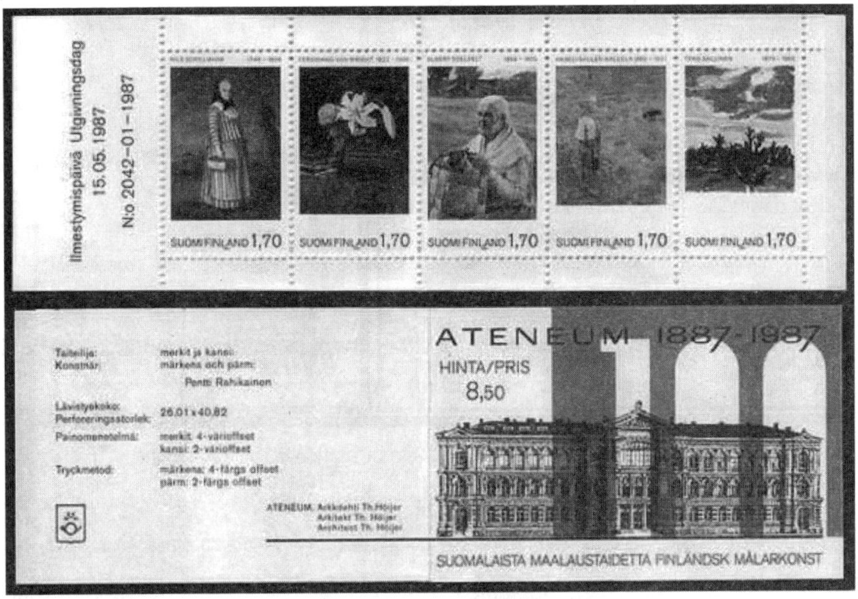
Ilmestymispäivä Utgivningsdag
15.05.1987
N:o 2042-01-1987
SUOMI FINLAND 1,70
ATENEUM 1887-1987
HINTA/PRIS
8,50
SUOMALAISTA MAALAUSTAIDETTA FINLÄNDSK MÅLARKONST

SUOMI-FINLAND 1
6 kpl/st
1.lk ikimerkkejä
1 kl fixvärdemärken
posti
Tarrapostimerkkejä
Självhäftande frimärken

Postimerkkejä/Frimärken 5 x 2,30 mk

Vesilintuja
Sjöfåglar

Hinta/Pris
11,50 mk

Ilmestymispäivä 19.04.1986 Utgivningsdag
N:o 2011-01-1986

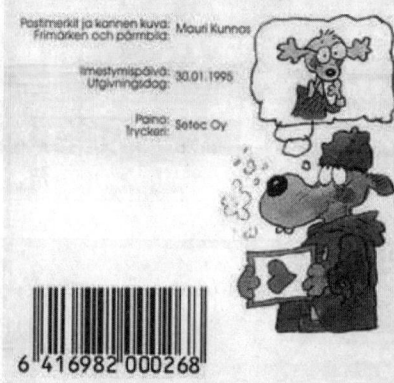

Postimerkit ja kannen kuva: Mauri Kunnas
Frimärken och pärmbila:

Ilmestymispäivä: 30.01.1995
Utgivningsdag:

Paino: Setec Oy
Tryckeri:

6 416982 000268

Postimerkkejä / Frimärken
8 X 2,80 mk

Hinta / Pris 22,40 mk

　　美国小本票设计风格素雅，主题明确，小巧玲珑，放置使用都很方便。另外，美国的小本票不搞议价销售，面值多少售价就是多少。

春天的花

"春天的花"封面与封底

松鼠

第七章　纵横连票，妙趣横生

一枚邮票与另一枚邮票相连，一幅图画与另一幅图画拼接，便形成了一个不可分割的方寸"联合体"。连贯的叙事内容，共同的表现主题，相似的艺术手法，让观者饱览最美丽的视觉风景和最美味的精神大餐！

在邮票收藏品当中，有一种邮票和其他的邮票不同，不是单独存在的而是是连在一起的，通常我们将这种邮票叫作连票。

所谓连票，指的是将不同图案或者成套邮票中的2枚以及数枚邮票连印在一整版上的邮票。应该说，连票是在小本票小版张、大版张中将一套邮票乃至一套邮票中的二枚以上连印在一起的，这是对其最准确的定义。连票是很容易通过外表就能够看出来的，因此即使不是集邮爱好者也能发现它的"张张相连"这一特点。

其实，连票虽然看起来有些另类，但是它具有了与小全张相同的功能，只不过连票是没有边纸的，也无法运用边纸这种特殊的表现载体对其介绍的事物进一步的解释和美化。不过像T59"刻舟求剑"、T158"韩熙载夜宴图"这一类的连票，因为其自身比较长的特点，所以一般的小全张是很难印制的，于是这就成为了连票的专利。

T59"刻舟求剑"

T158"韩熙载夜宴图"

由于连票未有边纸，在出售时不增加一分钱，不会增加购买者的负担，这也优于小全张。由于具备上述优点，所以，以连票形式发行的邮票愈来愈多。

连票的最大特点就是，只有连在一起才有收藏价值。假设将一版完整的连票拆分开来的话，邮票的收藏价值就会大打折扣。应该说，和普通邮票相比，连票的最大特点就是它具有着很丰富的表现形式，比如竖连、横连、过桥连、方连、对应连等。通常，如果按数量对其进行划分的话，可以将连票分为双连、三连、四连、五连、六连等。

1949年后，从1949年到1979年的30年间，中国先后以连票形式发行的邮票一共有12套，后来逐渐增多，到了2003年的时候，竟在这一年中接连发行了18套连票（如果在一套邮票中出现两种以上形式的连票，也算作一套连票，不再进行细分）。在此后的几年中，中国虽然减少了发行连票的数量，然而总体的水平还是保持不变的，每年平均发行连票在10套以上。到目前为止，中国前前后后一共发行了100多套的连票，而且每一套连票都各具特色，几乎没有相近的。

如果按照连票的方式来划分，目前中国一共有三种连票

1.横连票

横连票是中国最主要的连票的形式，大概占到连票总数的70%左右，是一个数量最为庞大的家族。具有典型代表性的有T34"水乡新貌"和T51"童话——咕咚"。

T34"水乡新貌"通过5枚连票的形式再现了美丽壮阔的江南水乡风貌，每一枚邮票都是水乡的一个局部展现。

T34"水乡新貌"

T51"童话——咕咚"讲述的是一个美丽的童话故事，其中每一枚邮票都讲述了"咕咚"故事的一个情节。在这套连票之外还有一枚副票，副票上用文字对4个画面进行了详尽的解释和说明。

T51"童话——咕咚"

第三届亚洲冬季运动会

2.方连票

　　方连票一般有4方连与6方连两种形式,是连票中数量比较少的家族成员之一。比较典型的代表连票是1996-2"第三届亚洲冬季运动会",该套连票是一种4方连形式的连票,利用4方连票组建成的面画构筑了一个冰场,而这4枚邮票各自描绘了速度滑冰、冰球、花样滑冰、高山滑雪比赛的运动员,创意性和观赏性都很强。

3.竖连票

　　根据中国目前发行的竖连票数量来看,远远小于横连票,其主要采取的形式为2枚竖连和4枚竖连为主。比较有代表性的竖连票是J120"故宫博物院建院六十周年",因为该套邮票的有着长达24毫米的票幅,所以既不适合于印制横连票,也不适合于印制四联形式的连票,因此这套邮票最终以竖连的形式印成了4连票。

　　目前,中国和世界上其他国家都在大批量地设计、印制以及发行连票,

所以连票目前已经成
为了深受广大集邮爱
好者热捧的邮种,在
未来这种邮票很可能
越来越受到邮友的欢
迎。

如果按照数量
划分,可以有如下几
种连票的形式:

1.双连票:这一种
邮票比较常见,通常
中国发行的大多数的
连票都是以双连票为
主,是一种主流的连

故宫博物院建院六十周年

昭君出塞

广播体操

票形式。

2.三连票：目前中国发行此类邮票比较少,最具有典型性的就是"庆祝中国共产党成立五十周年"。

3.四连票：通常指的是四方连,也就是"田"字形状的连票,最具有代表性的就是"广播体操"纪念邮票。特4"广播体操"是中国在1952年发行的中国第一套连票。全套邮票共计40枚,每4枚邮票都构成一个4方连,每一个4方连都画上对应这一节的体操的4种主要动作,10个4方连恰好介绍了广播体操的10节全套动作。整套邮票形成了一个"田"字形的印刷格式。

儿童歌舞

4.五连票：这种连票在中国发行的邮票中也经常

毛主席最新指示

会看到,比较有代表性的就是"毛主席最新指示"、"儿童歌舞"等。

5.六连票:一般来说,超过五连票的连票在中国还是十分少见的,比如"中华人民共和国第四届运动会"纪念邮票,全套一共有50枚,总共有5个四方连,其他的邮票则构成六连张5个。

6. 多连票:连票数量超过六个以上的,目前在中国最多的连票应该是1990年发行的"第十一届亚洲运动会"小全张,其中将相关内容组合起来的一共有12枚邮票,它们紧密地连印在一起,蔚为壮观。

中华人民共和国第四届运动会

"第十一届亚洲运动会"小全张

怎么样才能分离邮票中的连票

有些集邮爱好者需要对整套的邮票进行分离,但是为了怕破坏连票的一体性又不敢随便动手。的确,如果因为个人的操作不当导致邮票受到损坏的话,将会严重影响邮票的收藏价值。对于一些集邮的初学者来说,要把一整张邮票或连票分开,看起来挺简单,其实如果不能掌握要领的话,很有可能会损坏邮票的齿孔,轻则留下毛茬,重则甚至还会损伤票面。

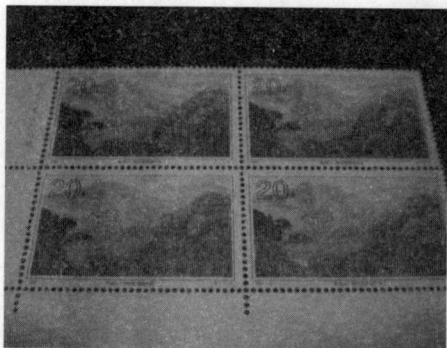

图为没分离的连票

那么,如何才能才能干净利落地将邮票分离开来呢?其实,只要掌握了一定的技巧,分离连票并非是一件难事。下面就介绍一种比较简单的方法:

操作步骤:

1.洗手:为了保持邮票的干净整洁,首先要从自己的双手做起。记住,在分离邮票之前,一定要先把手洗干净，避免手上的脏污和指纹粘到邮票上。如果偷懒或者清洗不彻底的话，很可能会永久性地弄脏邮票。

2.将邮票对折：一定要沿着邮票的齿孔正反来回折叠两到三次，让折缝压实，但是也不用使出太大的力量，另外还要注意别让指甲划着邮票以免损伤票面。为了保证邮票的干净和整洁，可以在操作的时候垫上一张干净的纸，这样就不会将指纹粘到邮票上。

3.分离邮票：在进行这个步骤的时候，最好是用手操作而不是用剪刀，因为剪刀可能会造成不可逆转的伤害。这一步的要领是把折叠好的邮票平整地铺在桌面上，用手放在折缝的两边，然后轻轻发力将邮票向左右分别拉扯开来。记住，在分离邮票的时候一定不能够忽视双连，因为如果用力不均匀的话有可能会伤害到齿孔，从而造成邮票品相的破坏。

成功分离之后的邮票

其实，只要在分离邮票的时候牢记这几个步骤自然就会熟能生巧，甚至可能想出更便捷更稳妥的办法。

异图连票

在连票这个庞大的家族之中，有一位成员是比较另类的，它就是整个图案连在一起的邮票——异图连票。通常，我们一般寄信用的邮票都是一张

唐·魏国夫人春游图

一张分开的,不过这种异图连票却不同,它们是连在一起的,一旦将其分开就马上失去了收藏价值甚至已经是"残缺不全"了。

所谓的异图连票,就是指两枚或两枚以上的邮票是紧密地联系在一起的,它的颜色、图案、面值可能存在着不同,其连接处用齿孔分开。它的主要特点是:

1.邮票和邮票之间紧密相连,图案、面值和颜色各不一样。

2.图案内容存在着密切的联系,从而构成一个完整画面,缺一不可。

3.一般分为横连印、竖连印以及四方连印等多种形式。

应该说,异图连票也是连票中的一种,只是有些连票的图案并非是整合在一起的,可能只是背景一致或者情节一致,而这种连票可以看成是一大张邮票中间打上了齿孔。

通常,这种异图连票分为二种形式:一种是连续图案,它的图案是异图连印,内容彼此相关,邮票本身也是连在一起的,相互之间构成了连贯性的动作、连续性的画面或者是连续性的故事情节,从而形成一个完整的画面,其故事性很强,布局也十分巧妙规整,有些还十分具有创意;另一种就是单枚独立的图案,它们虽然连在一起,但是每张邮票的图案内容都没什么关系,目前这种形式的连票在市面上并不多见。

准确地说,异图连票是连票中最有代表性的连票,它用完整合一的图案阐述了一个主题内容,传递给了受众鲜明的信息。

编年连票

所谓编年连票，就是按照时间顺序将其整合在一起的连票。目前，在中国近几年发行的编年邮票之中，除了小型张和一些比较热门的邮票外，部分连票其实也十分具有收藏价值。

从1994年开始，为了改变新邮跌破面值的不利局面，中国的邮政发行部门逐渐加大了发行连票的力度。因此，在1994年和1995年的时候分别发行两套连票，然而到了1996年和1997年的时候，每年发行的连票递增到了四套，其中具有代表性的为"山水盆景"、"长江三峡截流"等深受广大邮迷喜爱和追捧的邮票。

山水盆景

双联张邮票与连票的区别

连票是一个很庞大的邮品分支，虽然它有着比较突出的特征，但是也有一些邮票和它比较相似，但并非是同一类型。最为典型的就是连票和双联张的区别。尽管这两种邮票都是由2枚或者2枚以上的图案相连接而构成的，不过叫起真来却还是存在着差异，它们的图案也是各具特色。

我们先来认定一下连票的定义，它是指两枚以上连在一起印制而成的邮票，各枚邮票之间是用齿孔分隔开来的，当然也有的不用齿孔来分隔而是用线条自然分开。从这个定义上看，连票所采用的印刷方式主要是因为邮票画面内容的需要，可以将几张邮票的图案有机地拼凑在一起，从而让整套邮票看起来像一张大的、完整的画面，由此突出主题。

　　然而，双联张邮票的定义就不同了，它是指将两张同样图案的小型张上下相连印在一起，故此得名为双联张，它应该属于组合邮票中的一类。

　　到目前为止，中国发行的双联张主要有这么几套，分别是：

　　2000年10月31日发行的"第二十七届奥林匹克运动会"双联张

　　2007年7月17日发行的"中华全国集邮联合会第六次代表大会"双联张

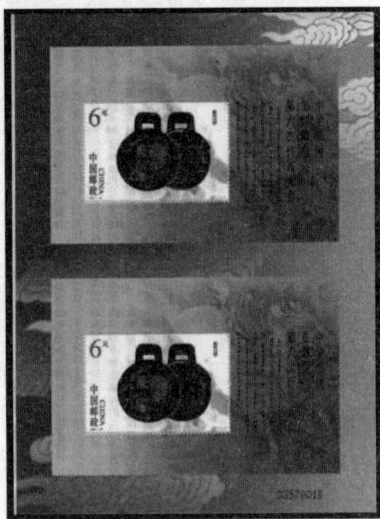

"中华全国集邮联合会第六次
代表大会"双联张

"第二十七届奥林匹克运动
会"双联张

"改革开放三十周年"双联张

"中国2009世界集邮展览"双联张

2008年12月18日发行的"改革开放三十周年"双联张

2009年4月10日发行的"中国2009世界集邮展览"双联张

2010年1月21日发行的"上海世博园"双联张

以上提到的5套双联张邮票,在其正式进入市场的同时,都配发了单枚的小型张。另外,一些连票的收集者都知道还有一枚题为《为中国喝彩》的个性化邮票双联张,也是很受欢迎的。

世界珍邮:价值一千万的"稿"字四方连邮票

连票中也有很多珍品存在,其中最为著名也最具有传奇色彩的是"稿"字邮票。这枚邮票是1943年初由淮南地区中共的交通总站发行的,主要是供给淮南区《新路东》(后改称《淮南日报》)报社记者、通讯员寄发稿件使用的一种邮票,具有"邮资总付"的性质。该枚邮票整体呈现出红色,其图案是内有面值数字"20"(分)的五角星,五角星的外侧有向外放射的光芒。此外,五角星上有一行"XUAINAN"拼音文字。在五角星的中间,加盖了黑色二号宋体的"稿"字。目前,这套"稿"字四方连邮票已被划归为世界珍邮的行列。

目前,"稿"字四方连的收藏者是一位名叫沈曾华的新四军老战士,现在也是中国著名的集邮家之一。他和"稿"字邮票有着割舍不断的渊源,留下了一段感人至深的故事。

稿字邮票

"上海世博园"双联张

　　1943年,沈曾华被我党派到中共盱(眙)嘉(山)县委任秘书兼青抗会长,在出任会长这一职务期间,他认识了负责做宣传工作的农民作家周世民。当时,周世民创作热情很高,总是积极地向《新路东》投稿,久而久之就成了报社的通讯员。

　　当时在淮南地区,记者和通讯员向报社投稿时贴的都是"稿"字专用邮票,因此周世民手中自然就保存了不少此类邮票。后来,被调到江淮大学的沈曾华在临走时,周世民就将一个全新的"稿"字四方连邮票赠送给了他。沈曾华十分爱惜这枚邮票,将其夹在随身携带的一个小本子里,一直伴随着自己南征北战长达50多年。

　　因为"稿"字邮票用纸独特,是用新华社的电报电码纸的背面印制而成的,因此这一特征也就成为了"稿"字邮票的特殊标记。由于时逢战乱,这种邮票很少有流传下来的,可以说是中国解放区发行的邮票中的珍品,特别是以四方连保存下来的并有文字电报记号的"稿"字邮票,目前是唯一存世的。

　　1947年5月,新四军在孟良崮战役中,一举消灭国民党的王牌军队——整编七十四师。蒋介石听到这个消息之后,气急败坏地要求范汉杰指挥4个军向胶东半岛迅速开进,妄图将新四军赶到海里。一天下午,沈曾华所在的部队忽然接到轻装突围的命令,每个人只准带一支枪、一个干粮袋、一个背包。接到这个命令之后,沈增华毫不犹豫地将多余的东西全部扔掉,但是却舍不得将这张"稿"字四方连邮票丢下,而是放在贴身的小本子里,带着它历经了3个晚上一共跑了300多里的路程,这才冲出了敌人的包围圈。

　　1949年后,沈曾华来到北京工作,担任了机械工业部的生产调度局局长,而周世民则在合肥担任安徽省的广播事业局局长,然而他们却相互找了37年也未曾谋面。后来在"文革"爆发之后,很多珍贵邮票都遭受到了灭顶之灾,而当时身为第一汽车制造厂领导的沈曾华也遭到了抄家的厄运。好在他有先见之明,将稿字四方连提前转移到了北京妹妹的家中。直到1978年,沈曾华调到北京后,才将最心爱的邮票取了回来。

　　1980年9月,《集邮》杂志第一次刊登了有关"稿"字四方连邮票的文章——《新四军中的集邮家沈曾华》，于是，这个被隐藏了几十年的秘密至此得以公开。巧合的是，周世民老人正好从爱好集邮的小女儿订阅的《集邮》上看到了这篇文章，于是通过《集邮》编辑部找到了沈曾华。两位战友在分别三十多年之后重逢，捧着那枚珍贵的四方连邮票喜极而泣。

2005年，沈曾华身患癌症住进了医院，由于需要支付庞大的医药费，所以他在化疗期间，拍卖"稿"字四方连邮票，最终以220万元的高价成交。这笔钱对于身患癌症的沈曾华和他那个经济拮据的家庭来说无疑是一笔巨款。然而让大家深感意外的是，这位昔日的新四军老战士没有留下这笔钱，而是将其捐给了中国第一汽车集团公司，设立了名为"沈曾华奖励基金会"一汽"自主品牌"的创新奖。

2006年4月，沈曾华不幸病逝，享年84岁。他的5个子女都非常理解和崇拜他们的父亲，深知父亲由于在"一汽"工作过25年，所以对它真的是太有感情了。沈曾华想必一直企盼着中国能有自主创新的名牌汽车，就像"稿"字四方连邮票那样成为世界级的珍邮。

目前，"稿"字四方连的拍卖价是1000万人民币，以后可能还有升值的空间。

国外四方连邮票欣赏

FL161 纪5 "保卫世界和平"（第一组）（东北贴用原版票）四方连

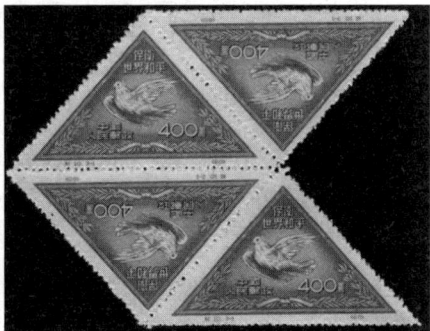

FL-156 纪10 "保卫世界和平"（第二组原版票）四方连

FL-154 纪4 "中华人民共和国建国纪念"(再版票)四方连

连票和联票的区别

其实,"连票"和"联票"原本是邮票中两个并不相同的概念。准确地说,"联票"是"连票"在定义上衍生出来的一种新的邮票连接方式。最初,"连票"指的是同一图案的几枚邮票的特殊连接方式,后来因为邮票的图案内容逐渐丰富和发展,所以便产生了几枚图案内容不同的邮票连印在一起的形式。

相比之下,"联票"不仅存在着邮票连接的含义,是由几幅不同图案,相同主题的邮票"连印"在一起,用来展现一个更加丰富和完整的中心内容。所以从这个意义上说,与"连票"有了本质意义上的区别。事实上,"联票"有着不可分割的特性,一旦将其拆分之后,它的图案内容是不完整的,只具有提供寄信的的邮资功能,然而在表达邮票主题的宣传作用上就大大减弱了。"联票"可以视为"连票",但是"连票"却不能替代"联票"。

在连票中,存在着"同图相连"和"异图相连"两大分类。对于"同图相连",一般的集邮爱好者都能明确它的概念,就是每一枚邮票无论是单枚的还是多枚相连的,不论采用了何种连接形式,最终都只表现一个内容。而"异图相连"的邮票,是邮票设计者有意地、主观地将它们"联"在一起连印制作而成的。如果将其分开后,它的单枚邮票同样也是一个完整的画面,只是设计者将其"联"在一起,以此来表达同一个主题罢了,这就是所谓的"联票"。

由于中国汉字的博大精深,"连票"和"联票"的区别就显得有些模棱两可,我们在前面介绍的连票中,有一些的确是联票,但是从定义上讲它们也是连票中的一种。所以,作为一个集邮爱好者来说,深入去探讨这个区分并没有太大的意义,只是作为一般性的了解就足够了。

连票欣赏

8分 中国人民邮政
10分 中国人民邮政
20分 中国人民邮政
中国人民邮政 50分

80
CHINA 中国邮政 80

8分 中国人民邮政
中国人民邮政 1.60

第八章　个性邮票，秀出精彩

当你的形象出现在邮票上的时候,你会是怎样的心情? 激动,惊奇,不可思议……没错,这就是个性邮票带给人们的特殊享受。与名山大川融为一体,与风云人物左右相伴,你将成为方寸天地的"特邀嘉宾"!

个性邮票是以国家邮政局发行的带有附票的个性专用邮票为载体,根据用户的正当需要和有关部门规定, 在附票上印制大众个人肖像等个性的内容,赋予附票个性特征。

一般来说,个性邮票由主票和附票组成,用途是寄信和收藏,是货真价实的邮票。其中,主票包含邮政邮资,附票是用户的个人肖像,二者由此组成一个整体,这样,一枚个性化邮票就诞生了。通常,整版邮票都是由个性边饰和很多枚个性邮票组成的。

个性邮票是由中国邮票印制局统一印制的、属于国家发行的合法的有价证券。邮票个性化服务指: 以经国家邮政局发行和带有空白附票的专用邮票为载体, 根据用户的正当需求和有关规定, 在空白附票上印制个性化的内容,赋予空白附票个性

宁静的个性邮票

化特征,向社会提供邮票个性化服务的业务。

通常,个性邮票选用红蓝纤维纸作为纸张材料,这也是邮票的专用防伪纸张。此外,个性邮票还采用专业的防伪印刷工艺,比如油墨防伪和专用的荧光喷码等等。所以,个性邮票比普通邮票更有艺术性和收藏意义。

2001年8月22日,中国国家邮政局正式开办了邮票个性化服务业务,同时决定从中国集邮总公司开始进行试点,在整个试办过程中制作了将近65万版邮品,并使用了两种邮资图案。第一种图案是"第21届世界大学生运动会"第2图,而第2种是"中华人民共和国第九届运动会"。

当时,中国国家邮政局之所以选择上述两种邮资图作为个性化邮票,其目的主要是是为了配合与其相关的两个大型运动会,更重要的也是为了探索并开办邮票个性化服务业务的发展规律,为接下来的工作积累经验。当时在试办期时期,个性化邮票的个性内容主要是社会公众人物肖像,此外还包含了大型的国内、国际活动和标识、徽志等。比如,邮票的个性化服务业务开办纪念(选择牛群作为形象大使)、中华全国邮展(2001年9月21-25日,选择宋祖英作为形象大使)。

个性邮票的用途

个性邮票是很特殊的的邮品,这其中包括了个人肖像因素(也可以是企事业单位、社会团体或者展会公关等宣传纪念元素),此外还包含了国家机关正规机关的有价证券因素,因此个性邮票有着多种特别用途。比如:

1.个性邮票是世界上独一无二的个人纪念邮品,能够当做一种特别的个人成长记录,其中可以包括一个人的生日、毕业日、结婚日、出外旅行以及人生各种珍贵的时刻,是非常值得收藏和纪念的宝贵资料。

2.个性邮票的副票交给个人设计,因此在设计的过程中主人可以随意发挥自己的想象力和创造,制造出独特的氛围和方式来展现自己,这是旁人难以做到的。此外,个性邮票通过这样一种比较严肃的方式既能够表达自己的真实情感,也能够将这种情感当做创意礼品送给亲人朋友,这也是其他邮票甚至是一般礼品难以比拟的。

3.如果是企事业单位或者某一个社会团体话,一般在组织大型活动的时候都会制作大量的商务礼品和活动纪念品。那么个性邮票就可以在其中扮演一个重要的角色——当做一种带有公司和组织标识的礼品赠送给客户,以此来加强自身的影响力,起到了巧妙宣传自己的作用。从这个意义上讲,个性邮票可以被当做一张很特殊的名片传扬出去。

怎样制作个性化邮票

从目前国内制作个性邮票的流程来看,主要有两种方法:

1.申请人到当地邮局办理此项业务,这种方法的好处在于能够降低邮票单版的价格,不必为此投入过多的金钱,更重要的是,可以让邮票产品的递送得到邮政部门的保障,能够避免出现意外损坏的情况。当然,缺点也是存在的,那就是审批时间相对要长一些,需要申请人填写各种资料,另外根据不同的版式有着最低版数的限制,所以价格也不会很低,制作和投递的时间也不短。

2.申请人凭借互联网进行订制,可以登录到官方的个性化邮票定制网站,在线上传自己的照片然后进行相应的美化和处理。这种方法比较快捷、简便,深受年轻人的喜爱。到目前为止,百度空间的用户只要进入空间相册就能够享受这种订制服务。

个性邮票的分类

1.主票和附票上都带有文字或者图案的,通过它们可以全面展示这种个性化邮票的基本寓意和内涵的邮票,有点类似于个性邮票的"母票"、"样票"。通常在市场上,将其称之为个性化专用邮票原票。这种原票的发行量有限和纪特邮票同样都是不可再生的邮品,其价值可见一斑。

2.主票和原票相同,不过附票是没有印刷任何文字及图案的空白票,这是为了让持有者能够自由将个性化图案套印在上面。一般来说,这一类邮票从理论上将只能搁置在邮政的仓库里,只有被二次套印后变成了真正意义上的个性邮票才会进入市场,因此被称为个性化商业票。自然地,此种邮票不存在发行量受限的情况，国家邮政部门可以根据实际需求决定印制数量。

由于商业票没有数量的限制，因此中国集邮总公司经常直接用原票中的主票邮资图重新设计具有个性特征的其他版式邮票，比如年册中的个性化小版与贺岁小版等，这些通常被称作加印票，也属于商业票的范畴。

现如今，个性邮票所表现的内容，基本上都是在试办的基础上进行一定程度的拓展，其目的主要是侧重国际和国内重大活动以及一些特定活动的代表和嘉宾乃至社会公众人物。如果涉及到一些具有象征意义的事物的话，就可以印制全国性甚至是国际性活动的徽志和吉祥物等。

个性化原票和商业票的区别

1.原票通常都会被权威邮票目录收集在册，在目录中会体现出主票图案和附票图案.相比之下，商业票会有很多种类，有的是暂时未被收录，而有的恐怕永远都不会被收录。

2.原票是由国家权威机构正式发行的，通常带有正规的发行公告并有着严格的发行量限制，而商业票一般是没有的。

3.原票一般是由专用防伪纸张印制的，其纸张的底色大多是象牙白，而那些加印票通常不是由专用防伪纸张印制而成，这一点仅从外观上就很容易分辨出来。

4.绝大多数的原票都有防伪的荧光喷码，可以是喷在主票上的也可以是喷在副票上的，然而那些加印的商业票基本上没有荧光喷码。

贺年专用邮票与个性化邮票的区别

每逢新年到来之际，世界各国都会发行贺年邮票，以此来纪念新年的到来。然而贺年邮票通常并不称作为专用邮票，除了在新年前后，日常发行的贺年邮票同样也具备了普通邮票的功能。不过，中国从2006年11月1日开始发行的贺年邮票，却被官方称为贺年专用邮票。

根据中国邮政部门的分类，一般来说，正是定名为专用邮票的只有两

中国发行的贺年专用邮票

种，一种就是个性化服务专用邮票，而另一种是贺年专用邮票。前面已经介绍了个性化专用邮票在2002年5月就已经正式创立了，要比贺年专用邮票早。或许可以从个性化服务专用邮票的"专用"一词得到启示。

从国家邮政部门的发行公告来看，所谓"专用"这个术语主要是指其作为信息载体一部分的邮资图专门用于个性化服务，此外，它的定量发行原票基本上也是为了满足广大集邮爱好者和研究者的需要。

相比之下，贺年专用邮票的邮资图究竟有没有专用的意思呢？根据国家邮政局第一套贺年专用邮票的发行公告来判断，邮政部门已经明确表示利用"年年有余"和"贺新禧"制作小全张一枚，其目的是为了幸运封中的邮资品，这或许能够解释国家发行贺年专用邮票主要是为了幸运封中贺年邮资品服务的。

由于在邮政部门发行的第一套贺年邮票小全张上并不存在企业版，或者准确地说没有发现被明显标注的企业版，因此很多人觉得这种邮票的"专用"性质显得很不突出。不过从第二套贺年邮票开始，其专用小全张就正式通过企业加字的形式来发行贺年专用邮票小全张企业版，这就让很多人意识到了其"专用"的特性。

正因为有贺年专用邮票小全张企业版的存在，才让广大集邮爱好者将其与个性化专用邮票作比较：贺年邮票小全张的企业版与在空白副票上进行个性化服务的邮票十分相像,而贺年专用邮票的大版票却和个性化服务的原版票十分类似。它们二者之间存在一个特别的过度品种,那就是贺年专用邮票小全张的国版(总公司版),它和个性化邮票的总公司专门小版张十分接近,不过本质上依然是个性化服务的总公司形式。

伟人个性邮票的价值

虽然关于个性化邮票是否有升值潜力始终存在着争议,但是人们对于伟人的个性化邮票普遍还是认同它的收藏价值的。通常而言,个性化邮票的附票内容主要是民间自主发行的图案,因此它们的数量和规格是不受限制的,自然也就不存在"珍稀"的可能性,因此普通人的个性化邮票基本上没有太大的收藏意义。然而,"人民领袖毛泽东"、"中国人民的儿子邓小平"以及"一代伟人"这三套目前中国仅有的伟人个性邮票,其价值暴增的涨幅让很多业内专家都倍感惊讶。

事实上,伟人的个性化邮票快速上涨并非没有道理,主要有以下七点原因:

1.其发行是严格遵循国家正规发行邮票的程序,具有很强的严肃性,甚至从某种角度来看比大部分普通邮票还要严谨和细致,因为伟人的个性化邮票只有经过国家规划才能正常发行,一般是中共中央党史研究室和中共中央文献研究室共同编辑,然后经过中共中央宣传部审核批准,最后才交给国家邮政局和中央文献出版社发行的,绝非是单独的任意机构可以发行的。

2.伟人的个性化邮票发行量不大,以上提及的三套伟人个性邮票总共也不过区区7万套而已,所以才具有收藏价值。

3.由于单套的伟人个性邮票的枚数甚多,如"中国人民的儿子邓小平"一共有104枚,"一代伟人"一共有128枚,"人民领袖毛泽东"一共有112枚,而其他邮票一般每套也就是几枚最多几十枚而已,所以如此庞大的数量就决定了一旦缺少其中的某一枚,一套邮票就显得不完整了。

4.伟人的个性邮票都可以采用天安门作为主票,而其他个人和团体的个性邮票都不能享有这一待遇,因此天安门主票的总数也就少之甚少。

5.三套伟人的个性邮票都加入了一些珍贵的收藏元素,比如"人民领袖毛泽东"增加了首日封、纪念封以及镀金纪念章,"一代伟人"增加了金镶玉纪念币,而"中国人民的儿子邓小平"则增加了金银纪念章,所以深受广大收藏爱好者的喜爱,这让伟人个性化邮票的市场交易价值获得大幅度的增长。

中国发行的第一套个性邮票——第二十一届世界大学生运动会

6. 伟人的个性邮票其主体含义都是和中国近现代历史有着密切联系的,其中涉及的人物也是对中国历史有着巨大推动作用的,因此他们深受中国人民的敬仰,他们形象的邮票也就受到广大集邮爱好者的热捧,甚至一些非集邮爱好者也会出于个人感情而疯狂抢购此类个性邮票,这就形成了巨大的市场需求。

7.由于这些伟人深受人民群众的爱戴,因此邮票的持有者通常只会收藏而很少交易,这就造成了市场可交易量的锐减,其价值也就自然而然地增加了。

中国发行的多种个性邮票

2001年8月22日,中国发行了主题为"第二十一届世界大学生运动会"的邮票,面值为80分,附票整版为20枚邮资主图和20枚空白附票以"4×5"的形式排列而成,其中空白附票在邮资主图的右侧,内容包括了12个奥运会项目(篮球、击剑、田径、足球、跳水、体操、网球、游泳、水球、排球、乒乓球和柔道)，此外还有吉祥物和8个会徽。在版票边纸的左上方，是一个场馆，眉题以中英文的形式书写，内容为"第二十一届世界大学生运动会"，它的左侧是3个相同的赛跑运动员形象。此套邮票一共发行了12 500套。

2001年的12月3日，中国发行了"浪漫之城——中国珠海"个性邮票，主图为九运会，副票整版为12枚邮资主图和12枚空白副票，以"6×2"的形式排列，其中空白副票位于邮资主图的下方。

从2002年5月10日起，中国邮政进一步扩大了邮票的个性化服务业务，就在当天发行了一枚名为"如意"的专用邮票，此外还提供了带有空白副票的专用邮票。这套邮票经过国家邮政局授权，由中国集邮总公司在这一天正式向社会宣布提供个性化邮票服务。

此套个性邮票为胶印，面值是80分，发行量为1350万枚。主图是具有中国特色的如意。如意的形状为一个长柄钩，钩头扁如贝叶。在明清两代的时候才正式起名为如意，意思是吉祥如意、幸福来临，是一种供人玩赏的吉祥物件。副票是"祝福"二字，一共有16枚邮资主图和16枚空白副票。

2002年11月8日，中国发行了主题为"鲜花"的个性邮票，采用胶印方式，面值为80分，发行量1200万枚。

2003年3月3日，中国发行了名为"同心结"的个性邮票，同样为胶印，面值也是80分，发行量1200万枚。

2003年8月5日，中国发行了主题为"一帆风顺"的个性邮票，胶印，面值80分，发行量1200万枚。

2003年9月10日，中国发行了

"如意"个性化服务专用邮票

"鲜花"个性化服务专用邮票

"同心结"个性化服务专用邮票

题为"天安门"的个性邮票，胶印，面值为80分，发行量1200万枚。

2004年7月31日，中国发行了主题为"花开富贵"的个性邮票，胶印，面值为80分，发行量1200万枚。

"一帆风顺"个性化服务专用邮票

"天安门"个性化服务专用邮票

"花开富贵"个性化服务专用邮票

"吉祥如意"个性化服务专用邮票

2004年11月1日，中国发行了主题为"吉祥如意"的个性邮票，胶印，面值80分，发行量1200万枚。

2005年4月1日，中国发行了主题为"长城"的个性邮票，胶印，面值为80分，其中增添了防伪油墨和防伪纸张两种防伪方式，发行量1000万枚。

"长城"个性化服务专用邮票　　　　　"五福临门"个性化服务专用邮票

2005年9月16日，中国发行了主题为"五福临门"的个性邮票，胶印，面值为80分，同样采用了防伪纸张和防伪油墨的防伪方式，发行量950万枚。

2005年11月6日，中国发行了主题为"岁岁平安"的个性邮票，胶印，面值依然是80分，也采用了防伪技术，发行量800万枚。

2006年6月23日，中国发行了主题为"第29届奥运会会徽"的个性邮票，胶印，面值为80分，防伪方式除了采用防伪油墨和防伪纸张之外，还加入了微缩文字。

"岁岁平安"个性化服务专用邮票　　"第29届奥运会会徽"个性化服务专用邮票

2005年11月11日，中国发行主题为"喜上眉梢"的个性邮票，面值80分，发行量950万枚。

2007年2月9日，中国发行了主题为"太阳神鸟"的个性邮票，胶印，面值为1.20元，防伪方式也是使用了防伪纸张加防伪油墨加微缩文字的手段。发行量950万枚。所谓的太阳神鸟，是在2001年四川成都金沙遗址出土的一件金饰，表达了古代蜀人追求光明、和谐包容的美好愿望。邮

"太阳神鸟"个性化服务专用邮票

票的画面为4只神鸟绕着太阳飞行。中心的太阳向四周喷射出12道光芒，表现出一种强烈的动感，象征着生命、光明与永恒。在2005年8月，国家文物局将"太阳神鸟"视作中国文化遗产的标志。

中国香港发行的个性邮票

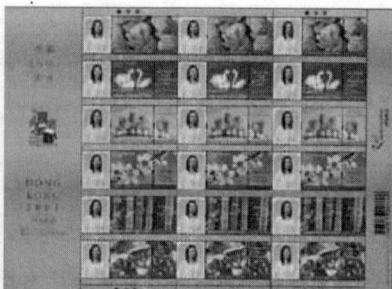

香港2001邮票博览会

中国澳门发行的个性邮票

2005年5月8日是母亲节, 中国澳门的特区邮政局以"爱与祝愿"作为主题, 发行了第一套个性邮票, 每版面值为40元, 售价为60元。在这套邮票的右侧留有附票, 供邮票持有者随意创作使用。根据此套邮票的特征, 用户可以选择每版印制多达20款不同的画面。

"爱与祝愿"个性邮票

"火柱传递"个性邮票

2007年4月27日, 中国发行了主题为"火炬传递"的个性邮票, 面值是1.20元, 发行量1200万枚。邮票的图案是两个高擎奥运圣火的人形火炬接力标志, 通过这种夸张的方式表现出了圣火的形象。这套邮票的副票上写着"点燃激情 传递梦想"的中英文字样。据说, 第29届奥运会火炬接力标志的创意灵感来自于中国古代"祥云"和"凤凰涅槃"的寓言传说。

2007年7月15日, 中国发行了主题为"八一军徽"个性邮票, 面值是1.20元, 发行量1200万枚。主图为八一军徽, 附票是八一南昌起义纪念塔。

2008年12月3日, 中国发行了"和谐"个性邮票, 面值1.20元, 主图是圆形篆体的"和谐"字; 副票图案为橙红底色上题写黑色"和谐"字样。

"八一军徽"个性邮票

"和谐"个性邮票

　　2008年12月17日,中国发行了"中国2010年上海世博会会徽"个性邮票,面值是1.20元。主图是上海世博会的会徽。这个会徽以中国汉字"世"的书法创意为形,惟妙惟肖地表示了三个人合臂相拥的状态,可以抽象地理解为"你、我、他"的大团圆集合以及对美好和谐生活的向往和追求,展现出了世博会"理解、沟通、欢聚、合作"的理念,表达了中国人民在2010年上海世博会"以人为本"的主题和追求;这套邮票的副票为馆场与云山风光和带有"上海世博会倒计时500天"的图案。

"中国2010年上海世博会会徽"个性邮票

　　为迎接国庆60周年,中国在2009年8月2日发行了主题为"国旗"的个性邮票,面值为1.20元。这套邮票的主图是迎风飘扬的国旗,这是为了与国庆60周年纪念活动相配合而进行的宣传。主图的邮票中增印了"庆祝中华人民共和国成立六十周年1949–2009"字样。不过从2010年1月1日开始,这些增印的字样就被删除掉了。该套邮票的副票中,带有表示国庆60周年的彩带形"60"的字形。

"国旗"个性邮票

2009年9月29日，中国发行了"音乐"个性邮票，面值1.20元。主图为篆体的"乐"字，其附票是画着弹奏箜篌的伎乐天。

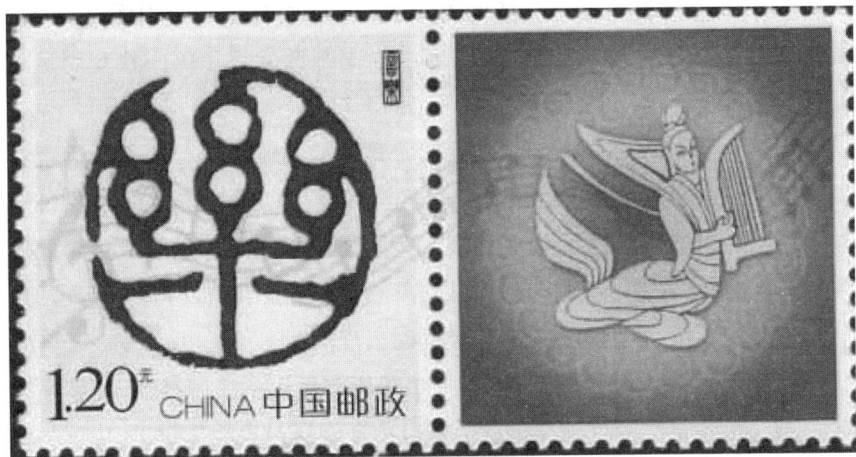

"音乐"个性邮票

2009年12月25日，中国发行了主题为"第16届亚洲运动会会徽"的个性邮票，面值1.20元。本套邮票是中国邮政部门继北京奥运会之后，针对大型国际体育赛事又一次推出个性邮票。其中邮票的主图会徽是一轮耀眼夺目的红日，主体是比较抽象且柔美的线条，组成了一个造型很像火炬的五羊外

"第16届亚洲运动会会徽"个性邮票

形轮廓。可以说，这套邮票的构图完美地将抽象和具象相融合，象征着亚运会的圣火长年燃烧、永不熄灭。其中的五羊底座是由"第十六届亚运会"的英文标识、阿拉伯数字2010以及广州拼音一起组成的广州亚运会徽。该套邮票的附票是火炬光芒中的"激情盛会，和谐亚洲"的红色字体。

2008年8月9日，中国运动员陈燮霞获得女子举重48公斤级项目金牌，成为中国体育代表团第一个夺金的选手。48小时之后，经过国际奥委会、北京奥组委以及中国奥委会特别批准，中国邮政发行了第一枚金牌运动员的个性邮票。

此套个性邮票是中国邮票发行史上第一枚也是唯一一枚无法确定具体发行时间和全套版数的邮票；同时也是到目前为止国内发行的专用邮票中，主图使用时间最短、副票图案表现范围最小以及唯一只有原版票的专用邮票。此外，这套邮票是由三个邮票厂独立印制的，其中由两个印刷厂进行二次印刷，所以在上面有三种厂铭同时出现。

这套奥运金牌个性邮票，包含了中国所有奥运会金牌得主，每套发行量为2万枚，该系列个性邮票是整个奥运会期间经过奥组委批准，中国邮政第一次为中国体育运动队发行的即时版个性邮票。它的最大特点是：它从中国运动员荣获第一枚金牌开始，为所有夺得金牌的运动员制作了限量版的个性邮票。截至到2008年8月28日，51枚金牌得主的个性邮票都已经发行结束。

这套奥运金牌个性邮票，主图是奖牌背面镶嵌的具有中国传统特色的

古代龙纹玉璧造型
的玉璧，其背面镌刻
着北京奥运会会徽。
此外，奖牌的挂钩是
由中国传统的玉双
龙蒲纹璜演变而成，
其副票的图案是国
际奥委会统一规定

奥运会个性邮票

画面——插上翅膀站立的希腊胜利女神以及她身处的希腊潘纳辛纳科竞技
场。中国所有夺得奥运金牌的运动员，将会印制在附票上得以展示。

虽然这种奥运金牌个性邮票是所有同类邮票中的特例，但就目前来看
其纪念价值远远大于收藏价值。

其他个性邮票展示

外国个性邮票

1999年3月，澳大利亚为了纪念"墨尔本国际邮展"，特地发行了个性邮票——将个人肖像印在与邮票相连的附票上，由此开创了世界邮政业务中的一个全新品种。这种邮票发行之后，引起了世界各国邮政业的注意。随后，加拿大、英国、法国、比利时、瑞士、日本等十几个国家纷纷

澳大利亚个性邮票

仿效,相继推出了这种个性邮票。

澳大利亚把这种邮票称为"个性邮票",而在欧洲的一些国家则将其称为"照片邮票",在中国香港则被叫做"我的祝愿"邮票。为了区别于其他国家,中国在开办这项业务的时候将其定名为"邮票个性化服务业务"。

到目前为止,国外邮政开办这项的业务有澳大利亚、加拿大、英国、瑞士、法国以及泰国等。

希腊发行的2004雅典奥运会个性邮票

美国发行的个性化网络邮票

美国发行的个性邮票

2005年5月,在美国邮政管理局的授权之下,一家名为"stamps.com"的公司正式推出了"PhotoStamps"个性化网络邮票,允许用户借助PhotoStamps的网站自己上传图片然后通过在线编辑的方式经审核通过后,以用户自传的图片作为主图的个性化网络邮票就此诞生了。

这项业务在2004年7月23日开始试办,到了10月份停止试办。

2005年4月26日,美国的邮政部门正式宣布开办并接受个性邮票的预订,不过全部订单都要在5月17日之后才能寄发出去。现在,美国印制的邮票和试办的设计相比没什么两样,主要存在的区别是:铭记由USA变成了US POSTAGE;序列号位置从二维码的右边转移到了上方,横排代替了原来的竖排;二维码左侧的文字"photostamps"变成了"stamps.com"。

该邮票的整版一共有20枚(5×4),其中单枚票的规格是1.8×1.4英寸。

在票面的左侧有三分之二的部分是邮票的主图，而其右边约三分之一的部分是"US POSTAGE、面值、序列号、二维码和stamps.com"等字样铭

美国：Endicia.com成为第二家个性化网络邮票提供商

记。这套邮票起订的基数为一版，有7种面值可供选择，从最低的0.23美元到最高的3.85美元不等。依照不同的面值和订购版数，个性邮票的价格也存在差异。如果选择面值为0.37美元的，那么单订一版的定价就是16.99美元。

2005年，一家名为"Endicia.com"的公司在美国邮政管理局的授权之下，正式美国第2家提供个性化网络邮票的供应商，其邮票的名字是"PictureItPostage"。

芬兰发行的面向普通人的个性化邮票

芬兰在2003年6月推出了以企业为目标的个性邮票之后，紧接着在2004年的3月26日推出了面向普通市民的个性邮票。此种邮票的服务只面向芬兰的本国人，所有消费者只有先在芬兰邮政的网站注册之后才能在网上订购这种个性邮票。

芬兰邮政局为市民个人制作的80寿辰纪念邮票。

　　目前,芬兰的邮政部门了推出两种新式的图案边框:一种是绿色边框,另一种是金花边蓝色边框、相比之下,绿色边框适合在夏季发送祝福和问候,而金花边蓝色边框比较适于用作祝贺。一般来说,顾客首先要在网上提交自己的照片,通常在四个星期之内就可以制作完工。这些个性邮票基本上都没有面值,属于1类邮件邮资邮票。其中最小的订购量为20枚一版,定价在24欧元。

　　2003年,日本的邮政公社已经推出了带有试验性质的"附带照片邮票",就是说在邮票的特定位置上贴上照片。到了2006年的8月21日,日本的邮政公社正式对外宣布,将从9月1日起提供"相框邮票"的新型服务,就是直接将照片印刷在邮票上的个性化邮票服务。

　　凡是购买此项业务的消费者,可以把子女的纪念照片、生日婚礼庆典照片等特别制作成独一无二的"个性化相框邮票"。此外,企业宣传和产品介绍也可以采用这种形式进行宣传。比如,一张面值为80日元的个性邮票,假设以一套10张为1200日元为售价的话,消费者只要将纵横4厘米的照片送进邮局的窗口进行申请,之后再等待三个星期的时间差不多就可以制作完成。届时,邮局将会免费寄送给消费者。

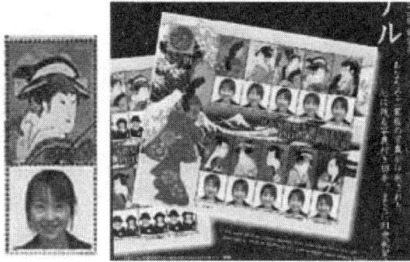

日本发行的个性化相框邮票

英国发行的福尔摩斯个性化邮票

第九章 真假邮票，差在毫厘

邮票虽小，其价值却难以用尺寸估量，在利益的驱使下，造假者有之，防伪功能亦有之。如何在方寸之间找到验明正身的"蛛丝马迹"，如何从细微之处鉴定邮票的真假，是畅游这花花绿绿小世界的必要准备。

由于邮票是一种很特殊的流通品，其中便有一些价值昂贵的高价邮票，于是便有人为了牟取暴利而制作假邮票。所以，怎样辨别一张高价出售的邮票是真是假，谨防上当受骗，这就成为了集邮爱好者和集邮投资者最应该掌握的知识。到目前为止，虽然世界上发行了数十万种邮票，但是由于利益的驱使，不法分子绝对不会对每一种邮票都进行伪造，只是选择其中价值最高的动手。

一、鉴别的方法

目前在集邮界主要有两种方法鉴定邮票，一种是比较法，另一种是技术分析法。

所谓的比较法，就是拿被鉴定的邮品和确认为真品的邮票进行比对，假设二者在图案、文字、颜色、油墨、纸张、齿孔、背胶等方面都具有相同的特征的话，自然就可以确定其为正品。不过，在这种对比的过程中也是需要万分小心的，稍不留意也可能错把真的当假的或者把假的当成真的。一般来说，比较法需要从两方面入手：

第一个方面是从宏观进行鉴别;

所谓宏观鉴别,就是根据目前已经掌握的真品的总体特征进行大致的、粗略的鉴别。主要鉴别的方面包括邮品的质地、齿孔、背胶、印刷等方面。不过,这种方法只能简单地进行判断,不可能得出最正确、最客观的结论。

第二个方面是从微观进行鉴别:

所谓微观鉴别,主要是根据真品上的某些暗记和细微特征,在放大镜、显微镜乃至紫光灯的帮助下的鉴别方法。一般来说,每一张邮票上几乎都有设计师、雕刻或者或印刷者们做出来的防伪记号,这些看似不明显的标记恰恰就是是鉴别一张邮票是否为真品的主要凭证和判断。当然,正是由于暗记的这种特殊性,所以一般人是不了解暗记究竟是在什么地方。不过,一些经验丰富的集邮爱好者经过仔细的对比研究和深入的发现,总会找到这些防伪标志的。除了这些防伪的暗记之外,有些邮品上还存在着比较另类独特的细微特征和印刷方法,也可以当作一种鉴别的依据来使用。

所谓的技术分析法,是指对被鉴定邮票的印刷方法、油墨、背胶乃至纸张等方面进行具有技术含量的化验和检查。由于真品和仿品无论如何都不可能完全一致,所以总会使用技术手段发现其中的一些差别所在。比如,被鉴定的邮票是由水印纸印刷而成的,那就可以通过用水印鉴别仪对其进行去伪存真;如果想要凭借纸张和油墨检验其是否为真品,就可以采取对纸张和油墨进行化学分析的方法来鉴定。

二、鉴别的内容

1.鉴别邮票的质地。

以中国为例,当时为了进行防伪和便于流通,采用的邮票纸张是由国家选定的厂家专门生产出来的,一般人想要弄到这种材料是不可能的。另外,这种邮票纸是依照邮票印制工艺的相关要求和邮票自身所需要的特征制作出来的,无论是在物理指标上还是在外观上都有着一定的特征存在。通

常,邮票用纸的三大类是道林纸、土纸和白报纸。这些正品材料的纸面都是光
洁平整的、吸墨性比较强、具有一定的韧性、吸水性和平展性都非常不错。如
果造假者想要达到这种效果,只好用其他的纸张代替,所以只要认真观察的
话就会发现端倪。

2.鉴别邮票的背胶。

邮票的背胶主要是用来方便使用的,但是也可以根据刷胶的种类和颜
色的差别鉴别邮票的真伪。一般来说,鉴别背胶主要是根据胶质、胶面质感
是否为真胶进行判断。仿品上面刷的假背胶,有些是毫无黏性根本不能使用
的白色涂料而已,有些纯粹是普通的胶水并且使用了手工涂刷的方法而且
制作手段十分低劣,破绽也十分明显,那就是存在着不规则的涂刷痕迹,所
以从背胶上面也能分辨出一些蛛丝马迹。

3.鉴别邮票的版别。

根据不同的历史时期,印刷邮票采用的版式也会存在着很大的差别,而
且它们的工艺特征也十分不同。通常,在整张邮票纸边上印有邮票编号、版
号、张号、色标、设计者和印刷厂名等,这些都被称作为版铭,是研究和鉴定
邮票的重要依据之一。所以,很多集邮者都喜欢专注于收藏带版铭的邮票。
因此,根据各种不同的版别和版名所鉴别出来的不同特点也能发现邮票的
真伪。

4.鉴别邮票的齿孔。世界上第一枚邮票"黑便士"在问世的时候并没有
齿孔,所以在使用的时候非常不方便,只能用剪刀剪开才能贴到信封上。在
1854年,英国才发明了打齿孔的邮票。根据齿孔的形态,通常可以分为、光
齿、毛齿、盲齿和漏齿。邮票齿孔是邮票品相的重要参考依据之一,可以根据
不同的打孔方式以及打出齿孔的形状、大小等特点,以目测或者精确测量的
方式辨别邮票齿孔的真伪。

5.鉴别邮票的刷色。

刷色就是通常所说的邮票颜色,是邮票设计和印刷工艺的一个重要参
照标准,应该说它是油墨、印刷工艺以及纸张的综合产物,其中的油墨起到
了至关重要的作用。一般而言,印制邮票都采用了特殊的油墨,这种油墨具

有非常出色的物理性能同时又具有良好的化学性能，所以邮票的色相才能在很长的时间内保持纯正的色泽、精细的线条和光洁的表面。反之，如果是仿品的话，由于油墨存在差别，就会导致其色泽发暗，有阴影甚至是模糊不清。因此，对于那种用荧光油墨印制的邮票，很容易一眼辨别出真伪。

6.鉴别邮票的票幅。

邮票的生产者对其票幅和图幅的规格都有着严格的要求，这是鉴别邮票是否为正品的重要依据。如果是一张作假的邮票，无论作假者的技术水平有多么高超，其在某些方面都会与真票存在着差别。只要充分利用好一些专业的测量工具，就能发现其中的纰漏之处。

7.鉴别邮票上的水印。

由于邮票具有着预付邮资的作用和意义，所谓为了防止作假在造纸的过程中会采用特殊的手段纸里加入一种标记，它是在造纸过程中用水印辊滚压初步胶水的纸浆，在干燥之后形成的一种潜影图文，能够迎光透视。水印是一种无色的标志，一般都是比较简单的图案。如果在一整张的邮票上只有一个水印图案，那就被称为全张水印。如果水印图案在全张邮票中反复出现的话就叫做复式水印。水印的图案是丰富多彩的，有的是皇冠，有的是天地等等。比如大名鼎鼎的黑便士邮票，上面的水印图案就是皇冠。又如，我国大清邮政发行的小龙邮票以及在1898年发行的蟠龙邮票，上面的水印图案就是太极图。

中国邮票中仅普通邮票有折线水印。单式水印，又称"一票一水印"，是指在每枚邮票上，都有一个位置相同、图案相同的水印。涂料邮票纸属邮票纸的一种，专供印制影写版邮票使用。

其实，水印虽然看起来不是那么直观，但是如果在阳光或者灯光的鉴定下还是能够发现的。当然，对于那种不是十分明显的水印，可以在邮票背面稍稍喷一点汽油，就会让水印在瞬间现出原形。而且，汽油的挥发性比较好，对邮票和背胶没有任何的损害，因此这种办法被有经验的集邮爱好者广为采用。由此可见，水印也是研究和鉴定邮票真伪以及发行年代和版别的重要依据。

8.邮票的品相。

一般来说,邮票的品相分为七个等级:极优品、最上品、上品、次上品、中品、下品和劣品。此外,邮票品相的完好情况叫做邮票的完整度,一般分为五个等级用字母表示:"VF"——十分完整,"F"——完整;"VG"——很好;"G"——好,"P"——差。

如果一张邮票被判定为上品,肯定实在票面、票背、齿孔、背胶这四个方面既没有损坏又没有印刷中的瑕疵。如果邮票的票面发生了污染、破损、折痕或者背面揭薄,那就基本上属于次品的范畴了,除非是特别稀少的,不然集邮爱好者对此是不感兴趣的。

具体来说,可以通过从以下十个方面来鉴别邮票的品相:

①票面是否保持干净整洁;

②齿孔是否完好补缺损;

③色彩是否光艳整洁;

④图像和图位是否准确;

⑤新票的背胶是否为原胶;

⑥旧票的背胶是否有斑点污痕;

⑦邮戳的清晰度是否可见;

⑧有无针眼;

⑨有无揭薄和揭破的痕迹;

⑩有无破损或者折破的痕迹。

三、邮票褪色、变色的原因

褪色和变色,是集邮爱好者们经常遇到的问题,这是由于受到强光的长期照射或者接触到了一些带有酸性或者碱性的物质所造成的。通常,变色和褪色的主要现象是:蓝色会变成绿色,紫色会变成灰蓝色,而红绿两色套色则会只剩下绿色等等。与此同时，纸张也会变成绿色泛黄。如果一张邮票的褪色具有了如此特征，那么它就毫无疑问地成为了次品。也正是因为这个原因，一般国际上或者国内的邮展时间都不会太长，其中一个很重要的原因就是邮票不能在强烈的日光灯下经受过长时间的照射，否则将会逐渐褪淡，纸张会变黄发脆。

四、保持邮票良好品相的方法

1.为了保持邮品的纸质不要发生色变，就不能让邮票直受到到阳光的照射。

2.每次撕邮票的时候应该先沿着齿孔的直线反复折叠几次再小心地撕开，千万不要用剪刀去剪有齿孔的邮票，这样会影响邮票的品相。

3.在贴票的时后，不要用胶水涂在邮票的背面，否则邮票的纸张会产生变色或者斑点，最好办法是使用护邮袋或者胶水纸。

4.在从旧信封的上面取下邮票的时候，应该先把邮票和信封纸同时剪下来，然后浸泡在水中大概几十分钟就会自行分开。切记，不要用手去撕邮票，否则会让邮票变薄或者被撕裂。

五、处理正面有残缺的邮票的方法

如果邮票的正面不小心被揭薄的话，那么其丢失的图案颜色可以通过从相同的邮票上面寻找"补丁"。具体的方法是：先将剪下来的同图案的小块邮票的背面用刀片刮掉，对破损邮票的剥落面也要适当刮去一些，让它们能够以最完美的方式相吻合。在做好这些工作之后，就可以用毛笔尖蘸胶水将移植下来的小片贴牢固，再经过压平之后就能够恢复到原来的样子。

六、浅谈药水票

药水票,不能望文生义理解为用药水浸泡过的邮票,也不是医学上为了治疗一些疾病而使用的特殊的医疗邮票,而是说那种专门用来去除清水水无法去掉的污垢、黄斑、霉点等污迹的药水。一般来说,这些药水常见的为草酸溶液、高锰酸钾以及双氧水。对于集邮爱好者来说,如果不小心买到了药水票,就等于自己的买到了一张被人精心处理过的邮票,或者说是一张曾经受过伤的邮票,对于初学集邮的爱好者来说是一件挺痛苦的事情。如今在市场上,有很多奸商以次充好,将处理过的药水票当作品相好的邮票卖给一些集邮者,所以有必要掌握一些辨别药水票的方法,以免上当受骗。

当然,从另一个角度来看,药水票本身也没什么好怕的,因为邮票有了问题用药水进行修补,这本身也是修复邮票品相的一种方法。但是如果将药水票当作原胶全品票与不知情者进行交易的话,那就是一种欺诈行为。

先来看看通常用作修复邮票的三种药水:

1.高锰酸钾,别名也叫灰锰氧或者PP粉,是一种比较常见的强氧化剂,在常温的状态下呈现出紫黑色的片状晶体,容易见光分解,其化学公式为:$2KMnO_4(s)\xrightarrow{hv}K2MnO_4(s)+MnO_2(s)+O_2(g)$。一般来说,高锰酸钾溶液的颜色是粉红色的,不过高锰酸钾具有很强的氧化性能,因此在日常生活中也经常被当作消毒剂来进行使用。那些被高锰酸钾氧化了的物质通常会变成棕色的二氧化锰,它们沉积在邮票的表面,致使原来的那种玫瑰色消失虽然肉眼看不到这种变化,但是如果使用紫光灯对邮票进行照射查看时,就会会发现邮票从整体上看能够显现出玫瑰色或者粉红色。

2.草酸溶液,学名叫做乙二酸,是一种非常简单的二元酸,结构简式为HOOCCOOH。一般来说,草酸溶液是无色透明的,却具备毒性。草酸的实际用途比较广泛,它可以在工业中发挥巨大的作用,比如除锈和漂白等等。然而,随着集邮知识的逐渐发展,近些年来有不少人用它当作修复邮票的重要武器之一。应该说，草酸可以当作邮票的还原剂，有能够对邮票进行恢复和还原的作用，它的化学原理是作为一种助染剂和漂白剂，让原本已经发霉的或者沾上了墨汁、污垢的邮票漂白，呈现出崭新的色彩，让人们误以为是全品邮票。

3.双氧水，它的效果在有些时候要强于上述提到的两者，不过这跟使用它的状态有着密切的联系。在近几年，双氧水一直被集邮爱好者们当作清洗邮票的一种常用化学试剂，因为双氧水具有非常强大的氧化功效，只要擦拭到票的表面就会将其氧化成白色，然后再用清水清洗一下，待上三五分钟左右就可以达到完好如初的效果了。不过，在使用双氧水消毒的时候会有一个独特的现象，那就是会产生白色的小气泡，这是因为当双氧水和手指上的污垢和灰尘接触的时候也会发生分解作用，从而变成水和氧气，这是双氧水具有强大漂白作用的体现。

如果不懂得一定的常识，没有什么经验的集邮爱好者可能就会买到被这三种常用的药水处理过的伤票，那当然是一件很倒霉的事情，在集邮圈子里被称为"吃药"。

除了通过用紫光灯这种技术手段来鉴别药水票之外，广大集邮爱好者还可以从其他五个方面加强对这种"药票"的防范意识，避免上当。

1.切莫贪图便宜，就像俗话所说的便宜没好货，特别是像邮票这种比较珍贵的收藏品，作为一个集邮爱好者一定要考虑好当下是什么行情，如果价格低于行情太多就应该想想为什么会出现这种情况。比如，当下的奔马邮票大概在480元～510元之间，但是在很多网店上竟然只要430元～450元，这其中会不会存在着猫腻？邮友们应该先考查清楚了再准备下手。

2.如果是在网店购买，那一定在在购买之前看一下动态评分，看看这个卖家在本月得到了多少个好评，多少个中评以及多少个差评，认真看过之后再决定自己是不是要买。

3.平时一定要和邮友们交流特别是那些有经验的集邮大虾，通过和他们的接触来提高自己的集邮常识，而且切记不要迷信某个邮商，也不要道听途说某某人手中的邮票都值得入手就贸然购入。正所谓"尽信书不如无书"，

无论何时何地必须有自己独立思考的能力。就是这个道理,多交流,提高自己的邮识才是关键

4. 很多人在邮票交易的时候会听到卖家夸奖自己手中的票都是全品,其实想想这话本身很值得怀疑。作为一种流通品,邮票在经历了一定的岁月洗礼之后不会有那么多的全品,因为邮票是流通品,多多少少会存在一些问题。那些在市场上经常叫卖的全品票,只有其中的一些公司货或者卖方保存的比较好的,才能达到这种全品的效果,而在那些大的店铺里,好的票一个月能卖大几十套甚至上百套,可能会有这么大的存量吗? 所以说,紧俏的货源自然就限制了全品票的价格和数量,太容易得到了十有八九会有问题。

5.需要准备一些必要的集邮工具,通常来说有这么几件:一本邮票目录,一个专业的不锈钢镊子,一个40倍的放大镜,一个紫光灯以及若干个护邮袋和若干本集邮册。对于初学者来说,一开始最好先盯准便宜的邮票,不要因为手里有些闲钱就去碰精品票,那样肯定会吃亏的,因为越是高端的邮票水就越深。如果你为了几张假票交了学费还不如先玩那些便宜的邮票。因此,对于集邮爱好者最适合的集邮分类方法是以主题来作为集邮的方向,比如人物、风景、绘画、节日等等,当你有一个明确的目标时,就不会显得太盲目了,也不会浪费不必要的花销。

七、谈谈关于邮票拼接的陷阱

最近一段时间,邮市开始慢慢从前期的JT票的火爆炒作中渐渐回复平静。对于那些有经验的集邮老鸟来说,因为在邮市中摸爬滚打的时间比较长,所以对拼接、刮邮戳以及换底的行业黑幕都会有一定的了解。

当然,对于集邮新手来说,"拼接"这个词还是显得有些陌生和另类,让他们怎么想都难以和邮票这小小的方寸天地联系到一起。然而,就是这么一件听起来有些不可思议的事情,却是在邮市上司空见惯的现象。不过从

另一个角度来看，拼接邮票和药水邮票也都属于修复邮票的一种方法和手段，而且其技术含量是非常高的，一般人是实现不了这种复杂的手工艺。如果掌握了这门技巧，确实就能将已经用过的邮票或残损的邮票拼接成为一张完整的邮票，从而充实和丰富自己的收藏，也便于鉴赏。然而反过来说，让不知道内情的人在邮市上把这种拼接票当成全品票售卖的话，那就是一种欺诈和作假的行为。所以如何看待邮票的拼接，要看从什么角度去认识这个问题。

如图所示，两张信销的文3"大旗"，经过一番细致、工整的拼接，一下子变成一张全品的邮票，价格也自然翻倍了，大大超过了两张信销票的组合价格。

在20世纪90年代的邮市大潮中，曾经有不少的老邮迷遇到过大量的拼接票，其中主要是一些经过人为拼接的高档精品票，以文革票最为庞大。因为拼接邮票耗工耗力，所以造假者肯定会选择价格高的邮票下手，这也就让购买者的损失大大增加了。事实上，很多经过拼接的邮票做得惟妙惟肖，如果不用放大镜仔细看的话是绝对看不出来的。而且，文票中经过了拼接、刮邮戳的很多，即使是在那个年代其水平也相当之高。在这些经过拼接的邮票中，有去掉一半的，有直接几块拼成再托底上背胶的，除去东方、文3中的"大旗"、四行半、文2中的座像，站像以及文5中的白毛女之外，其余的都是拼接选择的最佳目标。举个例子，像文1和文10，如果由于齿孔折了，那么价格就会降低至少一半,有些拼接高手就会把连票进行对接处理,将其撕成单张的最后加工成直挺的。另外,像文1和文10的拼接票,有些人是将其刮掉邮戳之后重新上色,或者重新上金粉的也很多。通常来说,如果这两种邮票的原始素材都全品的盖销票而邮戳又加盖在下方的话,那就是刮邮戳的首选材料票。因此,在购买这两种邮票的时候,一定要仔细查看下方和齿孔。另外,还要对金粉的使用情况有一定的了解,而且准备好放大镜和紫光灯是必须的。如果没有这些装备的话,这种拼接票一旦误入手中的话就得损失小半辆汽车的钱。

如图所示,经过拼接后的文7总筋票"东方",在放大镜的仔细验看下还是能够发现其中的蹊跷之处。

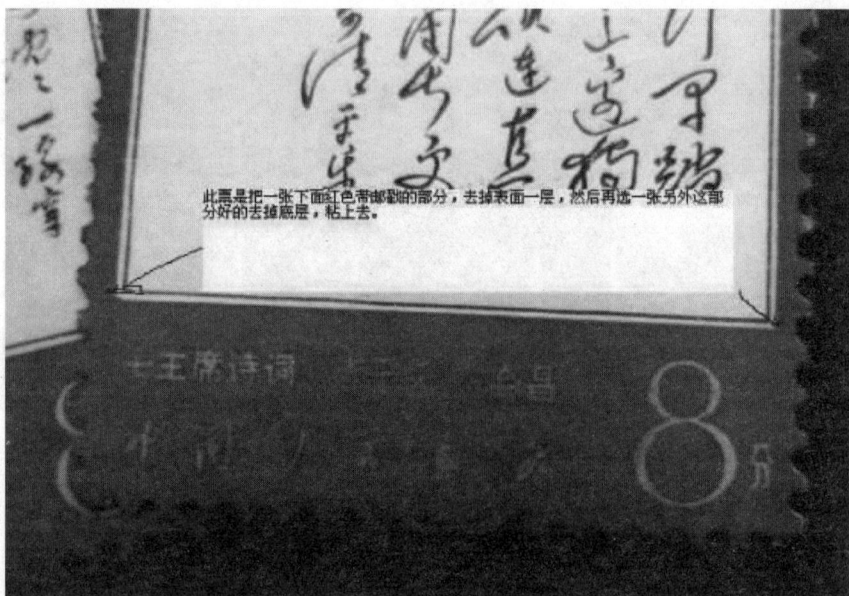

此票是把一张下面红色带邮戳的部分,去掉表面一层,然后再选一张另外这部分好的去掉底层,帖上去。

有经验的邮友都知道,梅兰芳无齿票也是邮票市场中经常被拼接的热门邮品,这主要是因为此套票是很多集邮者梦寐以求的收藏品,于是就成为了很多拼接高手的下手对象。有些人会用梅兰芳有齿票把齿去掉当无作齿票出售,也是很多人上当受骗。对于一些有经验的老鸟来说,最好的办法就是拿着一套有齿的邮票去比对大小,小的当然就是由有齿修改过来的。

1988年，中国发行了T132麋鹿无齿邮票，于是又出现了一种通过做直角边来达到改装目的的梅兰芳无齿邮票。这种方法就是用T132的直角去掉图案部份的上层区域，然后用梅兰芳有齿的票去掉齿接入到T132的直角中、这样一来，邮票在长度上就避免了因改装而消耗的部分。目前，这种拼接票在市场上也很常见，从大的拍卖公司到个体的邮票商人，手中都有不少这样的邮票，所以有不少人上当受骗。不过，这种精心拼接的直角票有几个地方有明显的漏洞：

1.梅兰芳有齿的纸张和T132邮票的纸张存在着很大的不同，无论多么高明的拼接手段也都无法解决纸质这个破绽，所以只要认真观察就能发现差别所在。当然，做到这一点的前提是要对中国邮票的纸质有一定的了解才行。

2. 通常拼接的材料是有齿票，所以在把齿去掉之后，图案和边距离就变得很靠近，看上去就会显得非常别扭，如果再用有齿票进行对比的话就会发现这个很明显的破绽。

3. 梅兰芳的背胶是当时特定的环境下生产的，无论在用料上还是在技术上和现在邮票肯定存在着差别。所以如果拿它和T132的背胶相比，会发现现在的背胶存在着明显的不同。拿最为出名的中国珍邮"全国山河一片红"来说，当年有一些集邮爱好者还为此票而进了监狱，其价格更是一年涨过一年。于是在金钱和市场的推动作用下，"全国山河一片红"没有动过手的几乎不流通，而凡是流通过的大多数都存在着各种各样的问题。其中最突出的问题是用旧票进行拼接换底。不过，由于这种邮票价格实在高昂，所以一般集邮爱好者也没有机会去接触，仅仅作为常识性的了解就可以了。

4.在梅兰芳无齿直角边上第一枚位置的边纸上，存在着一个很有趣的十字线，这个十字线是影写版的，而影写版的机器一向由国家进行严格控制，所以这种设备在民间是不可能存在的，无论是什么样的公司都不可能从国家手中买到它，而只能存在于国家与国家之间的贸易交流中。然而T132麋鹿无齿在同样位置就没有十字线，所以经过拼接之后的改装邮票也会具有这个特征，请广大集邮爱好者小心。

综上所述,所有经过拼接、刮邮戳修补过的邮票,只要强光进行检查的话都能发现其中的不同。因为但凡经过拼接和刮邮戳的修补过邮票,在纸质上肯定存在着厚薄不均的现象,所以在对光验看的时候就会显得不自然,有一种阴阳交错的感觉,即有的地方透光强有的地方透光弱,而没有经过修改的邮票是不会发生这种情况的。如果是换底的修补票,通常就会要厚一点,整体给人的感觉是不自然。如果是修补过齿孔的邮票,在放大镜的照射下也能看能看出其中存在着错位,并且齿孔的半圆也会不自然。另外,那些真正好品相的邮票很多都会有带齿孔的纸屑,而拼接后的邮票大小和原票有差别,不是大一点就是小一点。

最主要的一个特征是,那些所有动过手的邮票,几乎都要经过一道工序,那就是将邮票下水处理。而一旦邮票的纸张被水浸染之后就会变得疏松,缺乏鲜活的色彩,而原版的邮票纸张表面的一层纸浆一旦被水浸泡过,其表面就会变得不够平整,这时如果用放大镜观察的话感觉很像月球表面的环形山。所以,一旦在购票的时候发现邮票的表面像麻子脸就最好不要入手。买邮票的时候一定要记住,真正好品相的邮票是不会做什么处理的,因此如果发现有什么地方不对劲,感觉不顺眼的话最好就避免入于,谨慎为上。

八、借用仪器鉴别原胶和二胶邮票

修补邮票,除了药水和拼接等在邮票正面做文章的技术之外,还有一些手段是针对邮票的背胶的。毕竟,背胶也是构成邮票的一个组成部分,更是鉴别邮票的重要参照点之一。由于近些年来各类邮票的不断增值,加上一些集邮爱好者对雪白无瑕的背胶的痴迷程度上升,因此一部分不诚信的邮商们就开始利用这种心态,将那些原本发黄显旧的邮票甚至是发霉、被污染的票洗进行"洁面处理"然后再次刷胶,于是就成为了"二胶票"。应该说,二胶票是一种主要用于出售的邮票修补手段,属于一种欺诈行为,当然排除个别的完美主义者对自家邮票的修补。

一般来说,二胶票是可以通过肉眼进行识别的,但是这种方法只适合于那些经验丰富、眼力极好的集邮老鸟们。对于那些经验有限的爱好者们,最好还是要借助相关的仪器进行鉴别。主要的仪器是紫光灯,如果实在没有紫光灯的话用40倍或80倍的放大镜也可以。当然,使用紫光灯的前提是自己一人在黑暗的屋子里,灯必须要全部关掉,这样才能看得更清楚,才能真正地检测出效果。

以一套二胶票的西厢记为例,可以采用如下方法来进行检测:

如图所示:二胶票"西厢记"在紫光灯下的显示

西厢记三胶票

如图所示:二胶票在紫光灯下的背图

如图所示:二胶票在紫光灯下的背图细节

如图所示:放大后的二胶票在紫光灯下,已经显现出了惨白斑驳的模样,可见这是一张经过人为处理过的邮票,其价值与全品票有着迥异的差别。

如图所示:二胶票面的齿孔细节,经过认真观察可以发现齿孔处在刷二胶后有部分残余胶已渗透到正面,并发生了粘连的现象。

当通过紫光灯检查完二胶票的清晰图像后，再来比对和原胶邮票在紫光灯下的差别，就可以发现鉴别的原则所在了。

如图所示：原胶西厢记在紫光灯下的票面，平整光滑，没有任何粗糙的画面。

如图所示:原胶在紫光灯下的背图细节,可见其表面是非常干净流畅的。

如图所示:原胶票面齿孔处,整洁,规整,没有任何毛边。

通过对比原胶票和二胶票，特别是在紫光灯的照射下，可以发现原胶票和二胶票的差别还是非常大的。当然不得不承认，图中所展示的这套二胶邮票水平做得确实不怎么样，连正面都已经出现了胶水的污渍。不过，即使造假者不犯这样的错误，通过紫光灯的照射也能够发现原胶背图的整体体现出颜色一致，而人为刷上的二胶就会显得有些与众不同，另外也能看出来人为刷胶的方向是一致的，这些都是很重要的特征。至于为什么会出现这种情况，主要原因是原胶票是先刷上一层胶然后再打孔，而二胶票基本上是先打孔再刷胶，所以用80倍放大镜看还是能够发现其中不一致的地方。另外，通过仔细观察，我们还能发现原胶票色泽是一致的，而二胶票的有些地方会显示出不均匀的色调。因此，通过紫光灯不仅能够发现二胶票的痕迹所在，还能够发现邮票的压痕。就算是那种精仿的、高水平的二胶票，在紫光灯和高倍放大镜结合使用辨别的前提下，也能够发现其中的某些破绽。

除了用技术手段对二胶票进行识别之外，通过价格的对比也能发现一些问题。比如二胶邮票普遍的价格是原胶票的80%左右，然而如果是1949-1965年的纪特票，价格则是原胶的50%甚至更低，因为它们的折损价比较严重。因此在收藏邮票特别是新票的时候，必须要恪守三个原则：第一是原胶无胶贴，第二是不存在软硬折的现象，第三是无薄裂无手工修复的痕迹。

九、说一说中国邮票上的荧光喷码

荧光喷码，其实是有关制约违纪和违规行为的一种邮政管理手段。顾名思义，它是一种邮票的"防伪"功能，不过其更多的作用是增强邮政科学管理水平的需要。通常，中国邮政对荧光喷码在邮票上应用可以分成三个阶段：

第一阶段（从1999年到2000年）
在这个阶段，中国邮政部门仅仅是在全套整版邮票中的1枚上采用了荧光喷码技术。

1999年4月8日，中国正式发行了第一套带有荧光喷码的邮票——"中国瓷器——钧窑瓷器"。这套邮票全套整版的(4-1)的全张，从右起第1枚邮票的图案中采用了荧光喷码技术，而其它3枚全张仅仅是在边纸上按照传统的方式印制连续号码。"钧窑瓷器"的发行量为3746.3万枚，每套邮局全张是40枚，而带荧光喷码仅仅有936,575枚。

中国瓷器——钧窑瓷器

第二阶段（2000年到2002年）

2000年的10月9日，中国邮政部门发行了名为2000-19T "木偶与面具"邮票，这是在荧光喷码的运用上首次有了比较大的突破和改革。这套邮票一共6枚，每套邮局全张中有2枚加入了荧光喷码技术，总的喷码量达到了1642万枚之多，占据的比例为10%。

到了2002年的6月29日，中国邮政部门再次发行了名为2002-14"沙漠植物"的邮票，在此期间又发行46套纪特邮票。应该说，这一批次发行的邮票，其采用的荧光喷码比例较以往来说有了很大的提升，总量从最开始的不到100万枚上升到了1000万枚以上。正是这一系列的调整和改革，让荧光喷码技术有了进一步的发展。不过，这一阶段的小型张和小全张没有采用荧光喷码技术。

第三阶段（2002年到目前）

2002年的9月7日，中国邮政部门发行了名为2002-19T"雁荡山"的邮票，这套邮票颠覆了传统，在全套全张的所有邮票上都采用了荧光喷码技术。随后，在2002年的10月18日，邮政部门又开始在小型张和小全张上加入了荧光喷码，比较典型的例子就是2002-21M"黄河壶口瀑布"，它是第一枚采用了荧光喷码的小型张，此后这个模式被继承下来直到今天。正是有了这个重要的转折，才让荧光喷码票获得了真正意义上的防伪功用。伴随着印刷设备和技术的快速发展，现在已经有越来越多的先进印刷防伪技术广泛应用于邮票印制中。

荧光喷码的防伪功能

2002-19T"雁荡山"邮票

十、邮票的几种主要防伪技术

荧光纤维防伪专用纸

在造纸的过程中，如果将没有颜色的荧光纤维丝掺入到纸浆中的话，就能够生成一种特别的荧光纤维纸。这种纸在紫光灯的照射下能够显示出一根又一根的荧光纤维条，具有很强的防伪功能。这项技术的好处是，可以避免现荧光纤维条出现脱落的情况，属于一种专利产品。

防伪油墨

众所周知，邮票是一种有价票证，同时也是具有收藏价值的艺术品。尽管它的画面不大，然而能够反应的内容却比较多，特别是它那鲜艳的色彩和丰富的层次更是让人赏心悦目。因此，一枚邮票的印制，本身就是艺术和科技的完美结合。因此，想要在邮票上采用大家都能够看懂的防伪技术，而又要保持邮票画面的艺术性，的确有点难度。所以，采用荧光加密防伪油墨就是一项可兼顾艺术和防伪的技术。

防伪油墨和具有双重的防伪性能，是目前邮票印制中唯一采用的防伪油墨。典型的例子是，2000 年发行的"第二十七届奥运会"小型张，这套邮票在紫光灯的照射下能够清楚地看到五环中的黄色圆环发出黄色的荧光，如果使用专业仪器的

"第二十七届奥运会"小型张

话还能进一步鉴别其真伪。目前,通过相关数据还未发现有其他油墨具备这种防伪技术。

缩微文字

所谓的缩微文字,通过先进的计算机制版技术,将邮票版面的某些特定文字缩微成一条长达仅有0.2mm的黑线，这条黑线只有在5~10倍的放大镜下才能看清上面的内容。中国邮政部门在2002年2月5日 发行的"珍稀花卉",就是纪特邮票中首个采用微缩文字的邮票。在这套邮票的"金茶花"和"炮弹花"的图案枝干上,分别加入了"中国"和"马来西亚"的英文缩写,凭借放大镜就可以看清楚这些文字。另外， 普31 "中国鸟" 上也有"ZHONGGUONIAO"的缩微文字。

珍稀花卉

中国鸟

压凸工艺

又被称作模压。通常,邮票上面凸起的图案和文字都是经过一双凸凹的模具压印出来的,用这种技术手段制造出来的邮票图案很像浮雕,非常具有真实感和立体感。中国国家邮政局在2001年10月28日发行的"昭陵六骏"邮票,其中的小版张就是采用了压凸技术,这也是中国发行的第一套压凸邮票。加入了这种工艺而制作出来的六骏图,生动形象,十分具有艺术感染力,同时也具备了防伪功效,其艺术性和收藏性都很高。

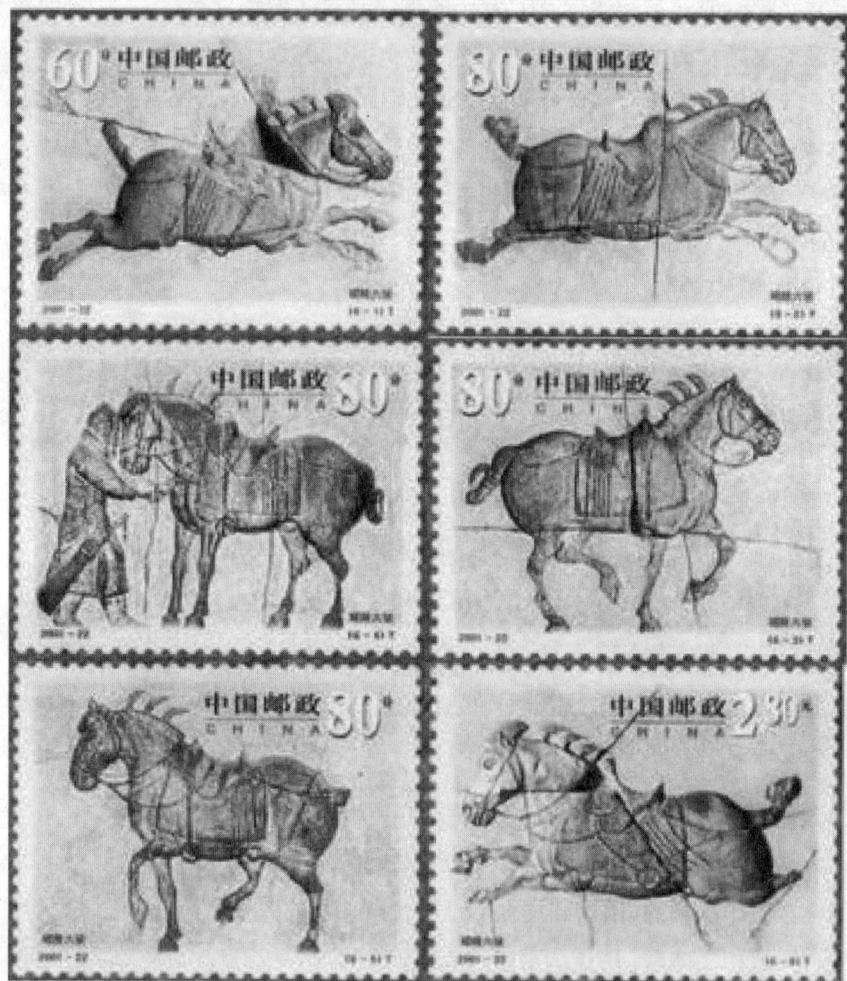

昭陵六骏

　　在2002年的11月8日，中国发行了第一枚采用压凸技术的金箔字体小型张"黄河壶口瀑布"，它是为纪念中国共产党第十六次代表大会开幕特意发行的。在这套邮票上印着的"与时俱进　一往无前"8个字，全部采用了全新的三维压凸烫金技术印制，对邮票主题有了一个很强烈的渲染作用。

黄河壶口瀑布

第十章　邮票之最，令人惊叹

从邮票诞生的那一天起，就注定开始了一个又一个传奇故事的连载，在这由方寸天地构筑的世界里竖起了一道道风景别致的展墙，无数个"第一枚"，让无数张邮票成为了永载史册的深刻记忆。

世界邮票之最

1.世界上发行的第一种邮票

是英国在1840年5月1日发行的黑便士邮票，图案为英国女王维多利亚侧面像，面值为一便士，邮票为黑色，因此得名。

2.世界上发行的最早的纪念邮票

是秘鲁于1871年发行的，这枚邮票当时是为了纪念南美最早的铁路(从利马到列卡拉奥玛)通车20周年。

黑便士邮票

秘鲁纪念邮票

不过,也有人认为世界上第一套纪念邮票是美国在1893年发行的为了纪念航海家哥伦布的16枚邮票。

3.世界上发行的最早的航空邮票

是意大利在1917年发行的,这枚航空邮票品是在普通邮票上加印了三行文字。意思是:"航邮试验,1917年5月,都灵一罗马一都灵"。

意大利航空邮票

4.世界上发行最早的欠资邮票

是在1845年由前荷属东印度群岛(现在的印度尼西亚)发行。这套邮票用蓝色的纸张进行印刷,票形为长方形,上面没有图案。

5.世界上发行最早的慈善邮票

慈善邮票是在邮票的原有面值上另外增加一小部分捐款费，作为对某些慈善事业的募捐,所以也被称为福利邮票或者附捐邮票。

1897年,当年的新南威尔士(现在是澳大利亚的一个州)正式发行了一套慈善邮票,面值为1便士加上1.5便士,然而却以高出面值20倍的价格进行出售,不过邮票的收入全部用在了慈善事业上面。

此外,也有人认为1905年日俄战争时,俄国为了救济阵亡的战士遗孤发行的邮票才是世界上最早的慈善邮票。

新西兰健康附捐邮票

新南威尔士慈善邮票

6.世界上发行最早的圣诞节邮票

北美洲是圣诞邮票的诞生地，世界上第一套圣诞邮票就是被素有"枫叶之国"之称的加拿大于1898年12月7日正式发行的，全套一共2枚，这也是加拿大邮政发展史上发行的第二套纪念邮票。

1763年，加拿大沦为英国的殖民地，到了1926年才获得外交上的独立，1931年确定了和英国"平等地位，不再互相隶属"的关系，到目前为止依然是形式上的"英联邦"成员国。

Imperial Penny Postage Issue

Map of British
Empire on
Mercator
Projection
A33

1898, Dec. 7		Engr. & Typo.	
85	A33 2c black, lav & car	37.50	7.00
	Never hinged	62.50	
a.	Imperf., pair	450.00	
86	A33 2c black, bl & car	35.00	6.50
	Never hinged	55.00	
a.	Imperf., pair	450.00	

Imperfs. are without gum.

圣诞邮票

作为世界上的第一套圣诞邮票，其中还藏着一段鲜为人知的故事。19世纪末的英国，正是维多利亚女王当政的强盛时期，甚至被称为世界上最为强大的"日不落帝国"。当时，英国的殖民地散布在世界的各个角落。

作为英国殖民地的加拿大，它的邮政部门在1898年的12月，根据宗主国的规定接到了将邮资从3分调整到2分的通知。为了适应这一变更，当时出任加拿大邮政总局局长的威廉·穆洛克亲自设计了一套地图邮票。从这套邮票的图案上看，除了印有"XMAS"的字样之外似乎和圣诞节没有什么联系。这背后的隐情是,当时因为维多利亚女王在看到这套地图邮票之后特意询问邮政局长:这套邮票是用来纪念什么事情的? 恰巧,当时是英国太子爱德华诞生,邮政局长便顺水推舟地说是为了纪念小太子诞生的。维多利亚女王听后表示十分不高兴,邮政局长连忙改口说是为了纪念耶稣诞生的,于是就在票面上加上了"XMAS"字样,这样才诞生了世界上第一套圣诞邮票。

这套邮票的形状为长方形,分为三个部分:一个部分是邮票上面部分标记为CANADA POSTAGE和皇冠的,即"加拿大邮资"的皇冠,代表了大英帝国;邮票中间的部分是主图,内容为世界地图,这个世界地图以西方世界地图为蓝本,加拿大所在的美洲正好位于地图的正中间,其他红的色部分则代表了英国在世界其他地方的殖民地,再现了当时英国"日不落帝国"的称号;邮票下面注明"XMAS 1898"即"1898年圣诞节",在其两侧是2C的面值。

7.世界上发行最早的包裹邮票

是1879年由比利时发行的,不过现在也有人觉得第一套包裹邮票是由意大利在1884年发行的。

包裹邮票通常也被称为包裹印纸,是专供寄递包裹使用的一种专用邮票,这种邮票贴在包裹上表示邮资已经预付过了。然而包裹印纸有着特别之处,那就是它是邮政内部专门贴用在包裹详情单上的凭证,和普通的邮票是不一样的。

1879年的5月1日,比利时政府的铁路局发行了世界上由政府发行的第一套包裹邮票。在这套邮票上面,印有"铁路"字样,主要是为一些国营的铁路开办包裹业务而使用的。这套邮票一共有6枚,主图是王室徽记,图案的两侧被装饰上了带翅的飞轮。后来,比利时还发行过带有火车图案和带有号角和飞轮的火车包裹邮票。

早期的包裹邮票如果按照承运包裹的运载工具进行划分的话,可以分成火车包裹邮票、汽车包裹邮票;按照使用范围进行划分,可以分成一般包裹邮票和特殊包裹邮票,而特殊包裹邮票还可以继续划分为谷物邮票、食糖样品邮票、农产品邮票、牛奶包裹邮票、市场筐货邮票等；按照包裹邮票的组成形式来划分，可以分成单一和双连票两种形式，多为单一票，极少为双连票。1914年意大利发行了世界上第一套双连包裹邮票，使用时，将连票分撕开，右连贴在包裹单上作为邮资凭证，左连贴在收据上，交给寄件人。

8.世界上发行最早的公事邮票

是在1854年由西班牙发行的。

世界上最早的新闻纸邮票1851年由奥地利发行。票面上不标面值，只能根据颜色的不同加以区别。

9.世界上发行最早的军事邮票

在1898年由土耳发行的，也有人认为是法国1901年发行的。

10.世界上发行最早的挂号邮票

在1865年由哥伦比亚发行的，不过也有人认为是1888年由巴拿马发行的。

11.世界上发行最早的保价邮票

是在1865年由哥伦比亚发行的。

12.世界上发行最早的印刷品邮票

是在1879年由土耳其发行，它是在邮票上加盖"印刷品"字样，可同时当作新闻纸邮票使用。

13.世界上发行最早的汇兑邮票

是在1884年由荷兰发行的。

14.世界上发行最早的气压传输邮件邮票

Coat of
Arms — PP1

1879-82	Unwmk.	Typo.	*Perf. 14*	
Q1	PP1	10c violet brown	110.00	5.75
Q2	PP1	20c blue	275.00	17.50
Q3	PP1	25c green ('81)	375.00	10.00
Q4	PP1	50c carmine	1,750.	10.00
Q5	PP1	80c yellow	2,000.	57.50
Q6	PP1	1fr gray ('82)	275.00	16.00

是在1918年由意大利发行的。

15.世界上发行最早的海上邮政邮票

是在1850年由土耳其海军部发行,它的目的主要是为了支付由海军舰只运送邮件的邮资,不标面值,只有"邮资已付"字样,金额必须在邮票上填写。

16.世界上发行最早的电信邮票

是在1864年由普鲁士发行的。

17.世界上发行最早的亲启邮票

是在1937年由捷克斯洛伐克发行(两种),把它贴在邮件上,要求收信人亲收。

18.世界上发行最早的盲文邮票

是在1979年由巴西发行的,票面上有两种盲文,它是作为慈善邮票发行的。

19.世界上最早发行的无面值邮票

是在1901年至1903年由哥伦比亚的巴巴科斯发行。其面值是在出售时用钢笔填上去的。

20.世界上发行最早的星期天邮票

是在1925年由保加利亚发行的,专门用于星期天投寄的信件上。

21.世界上最早的附言邮票

19世纪末之20世纪初由比利时发行。该票下端附有一副票,上面印有"星期天不要投递"的字样。

22.世界上发行最早的无文字邮票

是在1874年由奥地利发行的。票上只有一个"传信神"头像,这套邮票专为寄递报纸时用。

23.世界上发行最早的三角形邮票

是在1853年9月2日由南非好望角发行的,图案是一位女神,象征着好望角。

24.世界上发行最早的盘卷邮票1908年由美国发行的,它将上千枚邮票印在长纸带上，然后做成盘卷式，放在自动售票机里一枚枚出售。

25.世界上发行最早的"票中票"

是在1940年由墨西哥发行，图案是世界第一枚邮票"黑便士"。也有人认为是1935年葡萄牙发行的一枚邮票。

26.世界上"残票"最多的国家

是阿富汗。据说在1870年至1892年间，阿富汗的邮局并不使用邮戳销票，而是用手把新邮票撕开一个口子或者撕掉一部分，这些"残票"如今已十分珍贵。

27.世界上最早的邮戳

出现在1661年，是英国的邮局最先开始使用的邮戳（尽管当时没有邮票），据说是由英国的邮务部长亨利·比绍普设计的。这种小圆形戳上格写日，下格写月。因此后来集邮界将这种邮戳称为"比绍尔邮戳"。1840年英国发行邮票后，用以盖销邮票的马其他骑士勋章式的邮戳。

28.世界上发行最早的小全张

是在1937年举行的巴黎国际邮展上的纪念小型张。

39.世界上发行最早的音乐家邮票

是在1919年由波兰发行，图案是帕德列夫斯基像——当时的波兰总理，也是一位优秀的钢琴家兼作曲家。

30.世界上发行最早的侦探家邮票

是在1979年由圣马力诺发行的，全套一共有五枚，图案分别是五部小说中著名的侦探头像。

31.世界上发行最早的奥运会邮票

是在1896年希腊为第一届奥运会而发行的，全套一共12枚，票上印有12种和古代奥运会有关的图案。

32.世界上发行最早的地图邮票

是在1887年由巴拿马发行的，图案是巴拿马地疆域，然而邮票上印的国名却是哥伦比亚，因为当时巴拿马是大哥伦比亚联邦的一个省。

33.世界上发行最早的南极邮票

是在1933年由美国发行的，是为了纪念海军少将伯德第二次极点空测。

34.世界上发行最早的动物邮票

是在1851年由加拿大发行的，图案是一只海狸。

35.世界上发行最早的船邮票

是在1847年由南美的特立尼达发行，图案是"麦里奥德夫人号"汽船。

36.世界上发行最早的国旗邮票

是在1895年由高丽(朝鲜)发行的。

37.世界上发行最早的红十字邮票

是在1928年由瑞士为纪念迪南诞辰一百周年而发行的。

38.世界上最大的私人邮集

是法国的莫里斯·伯勒的邮集，据说在拍卖的时候卖了025万美元。

39.世界上发行最早的磷光邮票

是在1957年由英国发行的，它经过信函自动分捡机内的紫外灯照射时，在邮票的表面就能够显示出鲜艳夺目的磷光。

中国邮票之最

1.中国发行的第一套邮票——"大龙"邮票

1878年由清朝的海关邮政局正式发行。

图1,面值为1分银,绿色;

图1　　　　图2　　　　图3

图2，面值为3分银，暗红色；（曾经出现过变体票，变体特征为直双连中缝漏齿）；

图3，面值为5分银，橘黄色。

大龙邮票于1878年（光绪四年）正式发行，凸版，采用了无水印的半透明薄纸，图距为2.5mm，规格为25(5×5)或20(4×5)印刷厂是当时的上海总税务司署造册处。

2.中国发行的最早的纪念邮票——"万寿"邮票

1894年11月7日，为纪念慈禧的六十寿诞，清朝发行了全套为九枚的万寿邮票。图案中有"寿"字，还有八卦、蟠桃、蟠龙、鲤鱼、万寿青等代表多福多寿的元素。

当时，为了庆贺慈禧60岁的生日，清政府海关总税务司赫德提议发行一套纪念邮票，图案由一位名叫费拉尔的海关职员绘制，这是中国发行的第一套纪念邮票。

慈禧寿辰邮票也被叫做"万寿票"，因为随着海关邮政业务的发展，原来三种面值的邮票（大龙、小龙均为1、3、5分银）已经不再适应邮政业的发展和需要了，因此万寿票便开始采用多种面值，以便人们的正常使用。

每一枚万寿票的图案都不尽相同，有如下几种：

图1，面值为一分银，颜色为朱红色的五福捧寿；（出现变体，变体特征为横双连中缝漏齿），发行量为100 077枚；

图2，面值为二分银，颜色为绿色的云龙花卉；（出现变体，变体特征为横双连中缝漏齿），发行量为78 404枚；

图3，面值为三分银，颜色为橘黄色的云龙蟠桃；（出现变体，变体特征为横双连中缝漏齿），发行量为188 494枚；

图4，面值为四分银，颜色为玫红色的云龙牡丹；（出现变体，变体特征为横双连中缝漏齿），发行量为44 689枚；

图5，面值为五分银，颜色为橘黄色的鲤鱼瑞芝；（出现变体，变体特征为竖双连中缝漏齿；横双连中缝漏齿），发行量为32779枚；

图6，面值为六分银，颜色为棕色的云龙万年青；（出现变体，变体特征

图1

图2

图3

图7

图8

图4

图5

图6

图9

纪1 慈禧寿辰纪念邮票(初版)

为竖双连中缝漏齿;横双连中缝漏齿),发行量为54 247枚;

图7,面值为九分银,颜色为深绿色的双龙捧寿;(出现变体,变体特征为竖双连中缝漏齿;横双连中缝漏齿;对倒直双连;对倒横双连;对倒中缝漏齿);发行量为56 182枚;

图8,面值为一钱二分银,颜色为深橘黄色的双龙牡丹;(出现变体,变体特征为竖双连中缝漏齿),发行量为33 509枚;

图9,面值为二钱四分银,颜色为洋红色的帆船蟠桃;(出现变体,变体特征为竖双连中缝漏齿;横双连中缝漏齿),发行量为34 035枚。

3.中国发行的最早的对剖邮票

1903年10月,福州邮政局库存的面值为1分的邮票全部用完,于是要求上级进行拨票,然而因为台风导致海上交通受阻,邮票一时无法运进来。这时,经过邮政总局批准,福州邮政局将蟠龙无水印红色2分邮票对角剖开,当作1分邮票使用,并于10月22日、23日和24日在福州各局出售。

图为盖有福州邮局戳印的对剖邮票

图为盖有重庆邮局戳印的对剖邮票

福州邮局为出售对剖票，特地制作了一个长方形的木戳，上面刻有英文"Postage lcent Paid"（中文意思为"邮资1分已付"）的字样。当时，只要寄信人向邮局交纳1分邮资，营业员便代替寄信人将对剖票贴在信封上，然后再由营业员在收寄的对剖票封上加盖长方形木戳，同时还加盖上原有的邮政日戳。福州对剖票出售时间非常短，仅仅有3天，出售数量极少，所以非常珍贵。

　　1904年的6月到8月，重庆邮局因为因面值1分票的售缺，为了应急，同样也是经邮政总局批准，临时将蟠龙元水印红色2分票对角剖开当作1分票使用，在出售时亦将收寄的对剖票封上加盖邮政日戳。

　　1906年4月的10日到12日，长沙邮局因为1分邮票售缺，经上级局同意，把蟠龙无水印红色2分邮票对角剖开当作1分邮票使用，虽然未正式获邮政总局批准，但上级局同意，亦得到承认并有效。

　　4.中国发行的最早的欠资邮票

　　1904年3月16日，上海海关造册处，在伦敦无水印的蟠龙图邮票上加盖了"POTAGEDVE欠资"字样后发行，全套一共有6枚，成为中国最早的欠资邮票。

中国发行的欠资邮票

欠2 伦敦版第一次欠资邮票

5.中国第一次正式印制的欠资邮票

此套邮票于1904年11月起陆续发行，由伦敦的华德罗公司承印，钢版钢刻，白纸，无水印，有齿孔，全套一共有8枚。

6.中国发行的最早的快信邮票

1905年由大清邮政局发行。属于一次快信邮票，无水印，全票四联，图幅规格为210×60(mm)，由上海总税务司署造册处印制发行。

快信邮票Express Letter Stamps

7.中国发行最早的航空邮票

1921年7月1日由中华邮政发行,全套一共5枚,票面图案为图案一架为双翼飞机飞越万里长城上空,机尾绘五色旗徽。雕刻,票幅规格为37×28.5mm,25(5×5),由北京财政部印刷局印刷。

"首次航空"A.1 1st Beijing Print Air –Mail Stamps

这套邮票是在民国10年的7月1日进入市场的，当时北京政府中国航空署开办京沪航线，首先开通的就是北京至济南段，航空邮务至此开始，所以这枚邮票被称为"首次航空"。

8.中国发行的最早的小本票

此套邮票于1917年正式发行，当时被称作邮票册。根据统计，中华邮政从1917年到1935年一共发行了14种小本票。

这套名为"北京一版帆船邮票册"的邮票，面幅规格为49.5×89mm，由北京财政部印刷局承印。在封面上，印有"册内计有×分邮票××枚"和"售价现银壹圆"等字样。同时，小本票是按照封皮的颜色分为"黄色邮票册"、"绿色邮票册"两种。其中黄色的邮票册封面装饰上了双枝牡丹，而绿色的邮票册封面装饰上了牡丹花环。小本票一共分3次发行，共有6种。

北京一版帆船邮票册

9.中国发行最早的邮局代封票

此套邮票于1899年正式进入市场，名为"大清邮政官员代封票"，中间图案是八卦太极图，上下有英文，四周和空白处是草花图案。

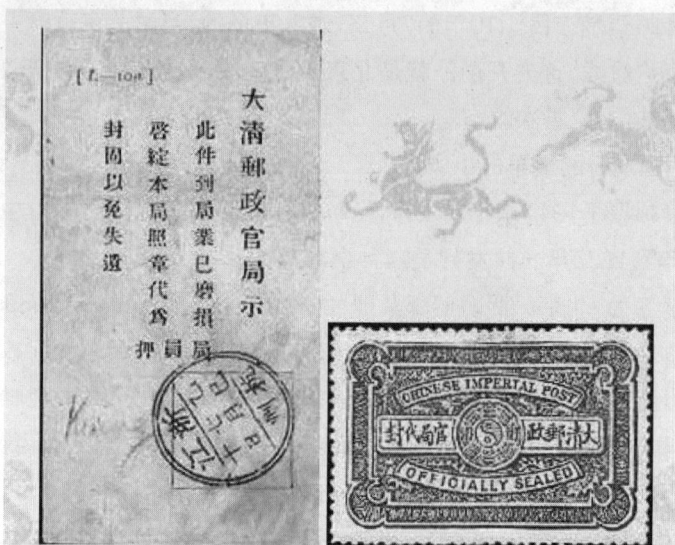

图1　图2

大清邮政官员代封票

　　1899年,大清王朝的邮政部门开始正式发行并使用代封票。其中被集邮界公认最早的就是由上海造册处石印印刷、中文名字为"大清邮政官局代封"的邮票,中间有八卦图,有齿孔,票幅规格为 44mm×27mm。不过,现在市面上能够看到的实用品其实都是在1900年以后发行的,其中发现最早的是1904年的实用品。在发行了这套邮票之后,大清邮政还在1909年发行过第二版邮局代封票,这枚以云龙图为主图案背景的邮局代封票在设计上可以说达到了一个新的层次。

10.在新中国发行的普通邮票中，面值最小的为半分；面值最大的为
50元

11.在1949年后中国发行的特种邮票中,面值最小的为2分,面值最大的为5.4元

12. 1949年后中国发行的纪念邮票中面值最大的为5.4元

13. 1949年后中国发行的第一套邮票

是于1949年10月8日发行的"庆祝中国人民政治协商会议第一届全体会议",全套一共为四枚。

14.1949年后中国发行的特种邮票

枚数最多的一套是1999－11"《国庆五十周年》,全套一共有56枚。

15.在1949年后中国发行的纪、特种邮票

只有一套正方形的邮票,是纪7"第一届全国邮政会议纪念"。

16.在1949年后中国发行的纪、特种邮票

只有一套三角形邮票，是纪10"保卫世界和平（第二组）"。

17.1949年后中国第一套小型张邮票

是在1956年1月1日发行的纪念33"中国古代科学家"。

18.1949年后中国发行的第一枚小全张
是纪47"人民英雄纪念碑"。

19.1949年后中国首次发行的无齿孔邮票
是纪64"梅兰芳舞台艺术"纪念邮票。

20.1949年后中国发行的第一套票中票
是J99《中华全国集邮展览》纪念邮票。

21.1949年后中国发行的第一套福利邮票

是《儿童》附捐邮票，全套一共有二枚。每枚面值都是8+2分的，其中的8分是邮资，而另外的2分是购买者通过邮局捐赠给儿童福利其金会，用于儿童福利事业，所以这种邮票是不能当成10分面值使用的。

22.1949年后中国发行的第一套双画面邮票

是"新疆维尔自治区成立三十周年"纪念邮票中的第二枚J119(3－2)。

3—2是由油田和天池两幅图案组成的联票。因为新疆是中国非常重要的产油基地，因此石油工业在新疆经济中占有不可或缺的地位。

这套邮票的左图描绘了阳光普照下的新疆油田：一座接着一座的钻井台鳞次栉比，巍峨耸立。一轮红日和票面的暖色基调则喻示着新疆石油生产的火热场景和经济发展的光明前途；其中的右图则着力描绘了新疆独特的自然景观天池。

这套邮票的整体图案将近2/3的篇幅是清澈明净的的天池,天池周围群山连绵环绕,山色从墨绿色转向了灰白色,其顶部是茫茫白雪遮掩下的山峰和一抹苍穹,看上去层次清晰,十分具有质感,对宁谧祥和、如人间仙境的"天池"风景刻画得十分到位。

应该说,这两幅图案,一幅以暖色调为主,气氛十分热烈向上;一幅以冷色调为主,气氛显得幽静深长,二者结合得十分巧妙。

23.1949年后中国第一次发行的小版张票

是"中华人民共和国展览会",上面印有12枚邮票,此外还有二个小版张票(J59)。

在20世纪的70年代,世界格局发生了翻天覆地的变化,中、美两国之间的关系由紧张逐渐走向了缓和。到了1972年2月,美国总统尼克松正式访华。同年的2月28日,中美双方在上海发表了《中美联合公报》,标志着两国关系正常化的进程开始。到了1979年的1月1日,中美两国正式建交。此后,双方在各个方面都取得了较大的发展和突破。1980年9月13日到12月21日期间,中华人民共和国展览会先后在美国的旧金山、芝加哥以及纽约进行展出,以此来宣传中国的经济、文化和历史。为了彰显中华民族的文化特色,这2枚邮票都采用了具有浓郁中国民族特色的艺术手法进行设计,美观大方。

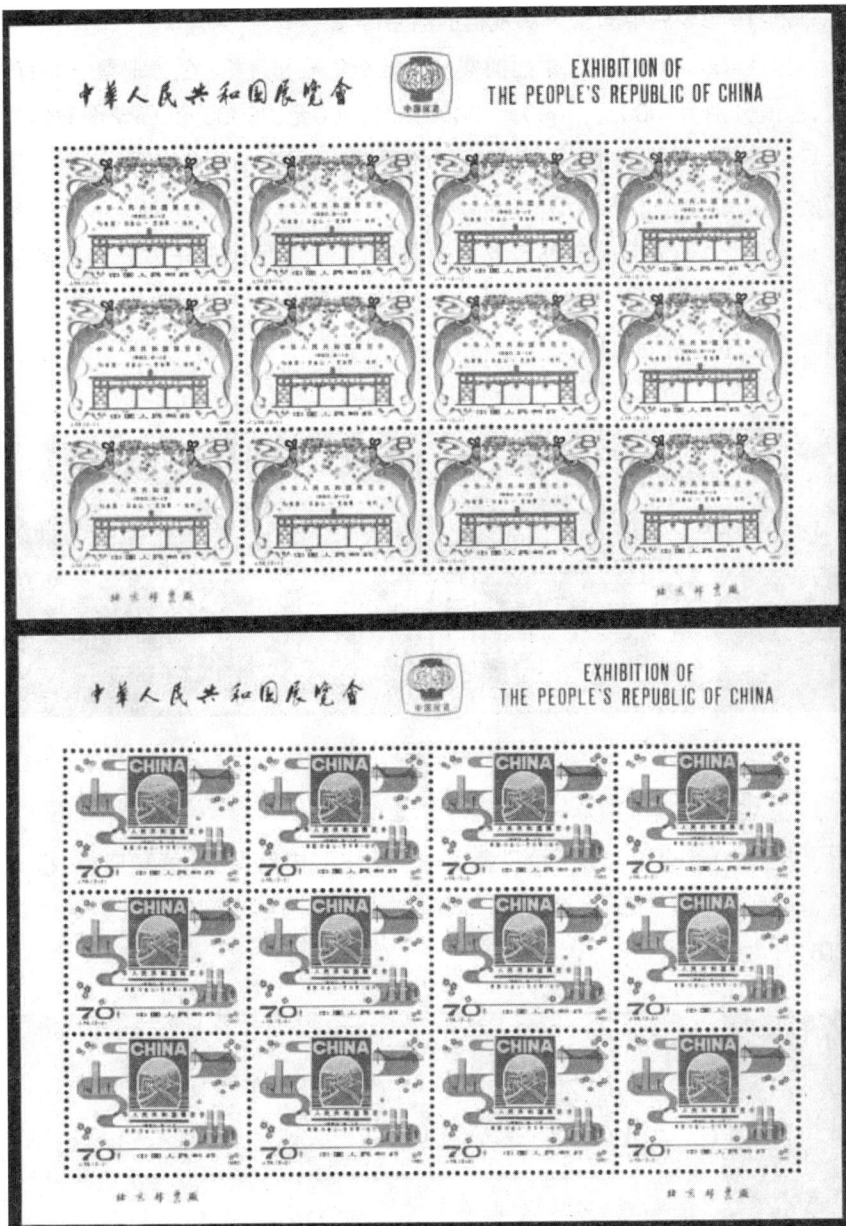

中华人民共和国展览会

24.1949年后中国第一次发行的航空邮票

是在1951年5月1日,票面图案是天坛祈年殿和飞机。全套邮票一共有5枚,面值分别为1000元、3000元、5000元、10000元、30000元。邮票图案均为天坛和飞机,主要标明这是一套航空邮票,各枚图案的刷色各异,区别一目了然。

当时,为了适应航空邮政业务的需要,中国人民邮政于发行了这套航空邮票。由于航空邮票没有编号,因此面值都是各类航空邮政的资费,主要用于航空邮件贴用。

航空邮票

25.1949年后中国发行的第一个小本票

是1980年6月1日发行的"童话——咕咚",内有两套,每套四枚,横五连,最后一面是副票没有面值,同时这也是中国第一套带有附票的邮票(T51)。

童话——咕咚

童话——咕咚

26.1949年后中国发行的第一套目前也是惟一一套的电子化邮票

这套邮票胶版加上了荧光条杠,打印面值,无齿孔,上下边各两个半圆形传送孔,孔径为3mm,孔径中心距间隔20mm。邮票规格为43mm×25.5mm。机设面值为9枚。

电子邮票

27.中国发行的第一套个性化邮票：

在2002年5月10日由国家邮政局发行的个性化服务专用邮票,名为"如意",全套一共1枚。面值为80分,邮票规格为30×30mm,附票规格为20×30mm,齿孔度数为12度,版别为胶印。当时出售的办法是,将带有空白附票的专用邮票用于邮票个性化服务,与此同时发行附票带有图案的专用邮票1350万枚。

28.中国发行的第一套包裹邮票

这套邮票是于1944年(民国33年)正式发行的,雕刻,无胶,由重庆中央信托局印制处承印。

中国发行的第一套包裹邮票

29.中国发行的邮票上面字数最多的邮票(含边纸):

冠军:2012—23 宋词 30000余字

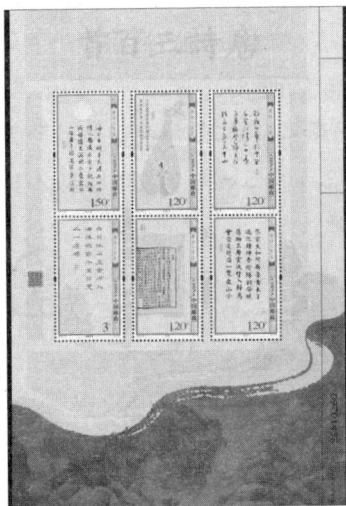

亚军:2009—20 唐诗 25000余字

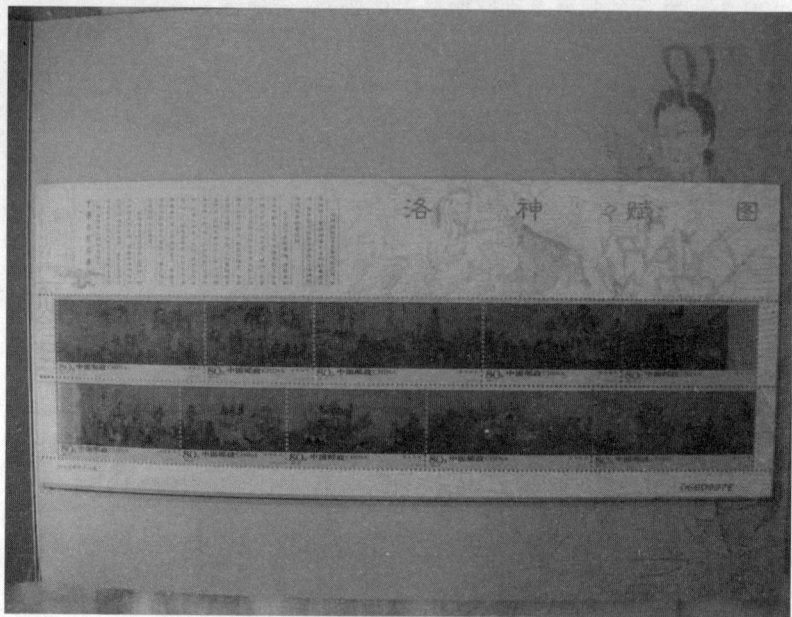

季军：2005—20 洛神赋图 1200余字A

　　在2005年发行"洛神赋图"的时候，中国邮政部门宣传此票收录了《洛神赋图》全文1200字，加上题跋文字，应该算是到现在为止中国乃至世界上文字最多的一套邮票。然而，这个接近神话的记录却在2009年的时候被"唐诗"以25000余字轻松超越打破，最后又被"宋词"以30000字以上超越。

　　除此之外，毛泽东诗词邮票的字数也相当之多。

　　30.中国单套邮票上人物最多的邮票(含边纸)

　　在1997年发行水浒五型张的时候，中国邮政部门正式宣传了"108将"是人物最多的邮票，后来在1999年建国50周年大庆的时候，邮政部发行了56个民族的大团结，每个民族都有一男一女两个人物，也就是112个，刚好超过梁山好汉4个成为新的第一。然而到了2004年，千古名画"清明上河图"邮票问世，原画据说包含了1643个人物，虽然这个数字无法通过肉眼在票面上进行印证，但是只要能达到原画的1/10分之一就足够成为新的第一了。

毛泽东诗词

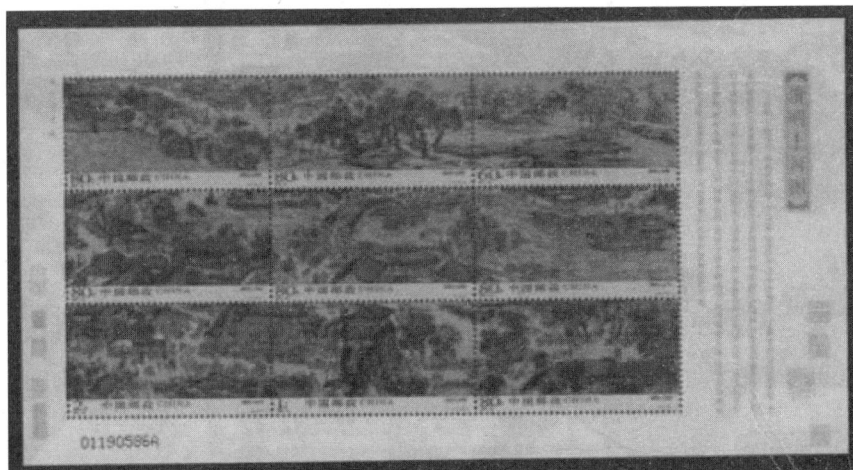

冠军：2004—26 清明上河图 约1643人

亚军:1999—11 国庆五十周年 112人

季军:1997—21M 水浒五型张 108人

31.中国发行的单枚票幅最长的邮票(不含型张)

故宫博物院建院六十周年。

故宫博物院建院六十周年